Das Gelände.
Dokumentation. Perspektiven. Diskussion.
1945–2015

Ausstellungskatalog des
Dokumentationszentrums Reichsparteitagsgelände

für die Museen der Stadt Nürnberg
herausgegeben von Alexander Schmidt

Schriftenreihe der Museen der Stadt Nürnberg
Band 11
Herausgegeben von Ingrid Bierer

Michael Imhof Verlag

Das Gelände.
Dokumentation. Perspektiven. Diskussion.
1945–2015

Museen der Stadt Nürnberg
Dokumentationszentrum Reichsparteitagsgelände

Geleitwort	6
Editorial	8
Zur Ausstellung	18
Bauliches Erbe	20
Zeitschnitte	24
Soldiers' Field	26
Die Amerikaner auf dem Reichsparteitagsgelände	
Der Norisring	34
Rennen an der „Steintribüne"	
Politische Manifestationen	42
1. Mai, Sudetendeutsche Tage	
Nürnbergs Zukunft am Dutzendteich?	50
„Ausstellungsrundbau"	
„Mit der Kongresshalle weiterleben ..."	58
Nutzung als Lagerhalle	
„Brauchen Sie eine Kongresshalle?"	64
Planungen für Stadion und Einkaufscenter	
Experimentierfeld der Moderne	72
Langwasser	
„Brutalität in Stein"	80
Neues Denken	
„Schöneres Nürnberg"	86
Abriss der Kongresshalle	
„Pfeiler flogen in die Luft"	90
Zeppelintribüne	

„Negative Heritage"	98
Nationalsozialistische Architektur unter Denkmalschutz?	
Kreuz gegen Hakenkreuz	104
Religion auf dem Gelände	
Musik statt Massenaufmarsch	112
Bob Dylan, Klassik-Open-Air und Rock im Park	
Skulpturenpark	122
Kunst auf dem Gelände	
„Nicht mehr ohne Gegenrede ..."	128
Erinnerungsarbeit	
„Sind Sie der Führer?"	136
Tourismus auf dem Gelände	
Architektur setzt Zeichen	142
Dokumentationszentrum Reichsparteitagsgelände	
Volkspark Dutzendteich	150
Freizeit, Sport und Naturschutz	
Komplexe Aufgabe	158
Städtebauliche Gesamtkonzeptionen	
Die Rednerkanzel	164
Kein gewöhnlicher Ort	
Weder Verfall noch Rekonstruktion	166
Aktuelle Maßnahmen einer baulichen Sicherung	
ErfahrungsRaum	174
Perspektiven der Auseinandersetzung mit dem Gelände	
NS-Großanlagen	178
Fallbeispiele in Deutschland	
Literaturhinweise	182
Impressum	183

Geleitwort

Das ehemalige Reichsparteitagsgelände in Nürnberg bildet das größte erhaltene Ensemble nationalsozialistischer Staats- und Parteiarchitektur in der Bundesrepublik Deutschland. Seine hier entstandenen und projektierten Bauten gelten als zentrale Herrschaftssymbole des Nationalsozialismus, in denen der Macht- und Ewigkeitsanspruch des „Tausendjährigen Reiches" sinnbildlich zum Ausdruck gebracht wurde. Als Kulisse der Massenpropaganda und der Selbstdarstellung des NS-Regimes sowie als prominenter Ort der NS-Täter und Mitläufer kommt ihm eine exemplarische Bedeutung für die geschichtskulturelle Auseinandersetzung mit der Epoche des Nationalsozialismus und des europäischen Faschismus zu.

Während in anderen Städten der Bundesrepublik Deutschland etliche Gebäude aus der Zeit des „Dritten Reichs" durch anderweitige Nutzung oder Abriss gleichsam stillschweigend entnazifiziert wurden, steht das Areal des Reichsparteitagsgeländes aufgrund seiner Größe und der symbolischen Ausstrahlung der noch vorhandenen Bauten bis heute einer umfassenden funktionalen Umwidmung entgegen. Angesichts des maroden Zustands mancher Anlagen droht die weitflächige Absperrung markanter Geländeteile. Kritische Fragen nach Sinn und Nutzen des finanziellen Aufwands für die Bewahrung der Bauten erhalten im Kontext des zunehmenden touristischen Interesses am architektonischen Erbe der NS-Zeit und des mehrfach artikulierten generellen „Unbehagens" an der Erinnerungskultur der Bundesrepublik Deutschland ein verstärktes politisches Gewicht.

Die Stadt Nürnberg steht daher vor der Herausforderung, die von ihr angedachten baulichen Sicherungsmaßnahmen nicht nur mit architektonischen und denkmalpflegerischen Gesichtspunkten zu begründen, sondern sie in ein umfassendes Konzept zur Nutzung durch die Allgemeinheit wie zur pädagogischen Vermittlung der historischen Hintergründe einzubetten. Hierbei gilt es, die unterschiedlichen Zeitschichten und räumlichen Bezüge in den Geländebereichen stärker sichtbar zu machen, aber auch die Interessen von Anrainern und Akteuren auf dem Areal untereinander abzustimmen.

Die hier präsentierte Ausstellung verleiht der aktuellen Diskussion um das „Gelände" neue Impulse, indem sie in einer diachronen Schau von Zeitschnitten aufzeigt, welche unterschiedlichen Formen des aktiven oder passiven Umgangs der Ort vom Ende des Zweiten Weltkriegs bis zur Gegenwart erfahren hat und wie sich hierbei dessen öffentliche Wahrnehmung nachhaltig veränderte. Dokumentiert werden sowohl die Verlegenheit in der Konfrontation mit den Überresten der Kolossalbauten, als auch die vielfältigen Ansätze der Nach-Nutzung verschiedener Geländeteile, die teils nur sporadischer Natur waren, teils die Topographie des Areals bis heute prägen. Das Spektrum politischer, religiöser, kultureller und ökonomischer Aktivitäten bildet die zeitgenössischen Präferenzen der Nutzung ab und bringt eine Gleichzeitigkeit des Ungleichzeitigen zu Tage, die bis heute als eigentümliches Kennzeichen der Nachkriegsgeschichte des Geländes gelten kann.

Die Ausstellung illustriert in zahlreichen Facetten die Gemengelage zwischen Verdrängung, pragmatischer Annäherung und programmatischer Neugestaltung, welche die Diskussion in Nürnberg über lange Jahre bestimmte. Im Kontrast zu ähnlichen Problemen mit sogenannten Großanlagen der NS-Zeit in anderen deutschen Städten wird jedoch deutlich, dass es keinen Königsweg bei der Bewältigung der historischen Hypotheken des NS-Regimes gibt, vielmehr individuelle und den örtlichen Gegebenheiten angepasste Zugänge zur Geschichte gesucht werden müssen.

Mit der Gründung des Dokumentationszentrums Reichsparteitagsgelände im Jahr 2001 bezeugte die Stadt Nürnberg ihre Bereitschaft, die Auseinandersetzung mit der eigenen Vergangenheit kontinuierlich zu führen und die historisch-politische Bildung zu den Ursachen, Strukturen und Folgen der nationalsozialistischen Gewaltherrschaft vor Ort zu ermöglichen. Ihr Vorhaben, das Gelände um den Dutzendteich für Besucher und Geschichtsinteressierte noch besser zu erschließen, wird – auch dies vermittelt die Ausstellung – den Vergleich zwischen den anmaßenden Plänen und dem Scheitern der Nationalsozialisten erleichtern und so für die Reflexion über das ambivalente Verhältnis von Faszinationskraft und inhärenter Gewaltsamkeit der NS-Diktatur neue Möglichkeiten eröffnen.

Gerade das Reichsparteitagsgelände bietet durch die unterschiedlichen Formen des Umgangs nach 1945 ein aufschlussreiches Beispiel dafür, wie eine Aneignung historisch belasteter Orte unter demokratischem Vorzeichen über die Jahrzehnte hinweg gelingen kann. Die beständige Konfrontation mit den „steinernen Zeugen" des Nationalsozialismus war und ist hierbei ein zentrales Element der Selbstvergewisserung einer freiheitlich-demokratischen Gesellschaft – die Chance hierzu sollte nicht nur den heute Lebenden, sondern auch künftigen Generationen gegeben sein.

Für das Gelingen des ambitionierten und in kurzer Zeit realisierten Ausstellungsprojekts und des Katalogs war das Engagement vieler Mitwirkender in und außerhalb Nürnbergs erforderlich. Mein besonderer Dank gilt daher allen Beteiligten, allen voran den Kuratoren Dr. Alexander Schmidt, Dr. Martina Christmeier und Melanie Wager, den Mitarbeitern der Firma Holzer Kobler Architekturen Berlin GmbH, den Mediengestalterinnen von GHOSTART, den Mitarbeiterinnen des Designbüros Rimini Berlin, den beauftragten Gewerken sowie den Verwaltungskräften und den Technikern des Dokumentationszentrums Reichsparteitagsgelände. Sehr herzlich danke ich auch dem Michael Imhof Verlag und allen Leihgebern, insbesondere dem Stadtarchiv Nürnberg und dem Pressearchiv der Nürnberger Nachrichten, für ihre große Unterstützung.

Florian Dierl

Leiter der Abteilung „Erinnerungskultur
und Zeitgeschichte" der Museen der Stadt
Nürnberg und Leiter des Dokumentationszentrums Reichsparteitagsgelände

Editorial: „Das Gelände" – zum Umgang mit dem Reichsparteitagsgelände seit 1945

Die Nationalsozialisten hinterließen mit dem Reichsparteitagsgelände im Südosten Nürnbergs ein Areal mit Aufmarschflächen, Tribünen und riesigen Baustellen. „Das Gelände", die nun nicht mehr benutzten Kulissen der größten Propagandainszenierungen der Nationalsozialisten von 1933 bis 1938, waren ab 1945 eine Belastung, gleichzeitig aber auch eine Chance für Nürnberg. Belastung, weil die weltweit bekannten Bilder der Aufmärsche Nürnbergs Ruf nachhaltig prägten, Chance, weil man das Gelände irgendwie gestalten und nutzen musste, wenn es nicht einfach liegenbleiben sollte. Es gibt in Deutschland keinen anderen Stadtraum, der, obwohl in großem Ausmaß von nationalsozialistischen Bauten kontaminiert, dennoch Schritt für Schritt für neue Nutzungen zurückerobert wurde. Das Gelände ist heute stark frequentiertes Naherholungsgebiet, Ort für Messen und Handel, Nürnbergs wichtigstes Sportareal, Wohnort zahlreicher Nürnberger und auch historischer Lernort für Hunderttausende Besucher.

Im ersten Nachkriegsjahrzehnt schoben die städtischen Verantwortlichen allerdings die nationalsozialistische Vergangenheit der Bauten zunächst bewusst beiseite oder versuchten sich durch Abriss und Sprengung von Gebäuden dieser unbequemen Vergangenheit zu entledigen. Erst seit den 1960er Jahren setzt auch eine bewusste Auseinandersetzung mit der NS-Architektur ein, welche die ideologische Botschaft der Bauten freilegt und analysiert. Ungeachtet dessen gab es seit 1945 zahlreiche Vorschläge einer rein kommerziellen Verwertung geeignet erscheinender Bauten des Reichsparteitagsgeländes.

Die Vielfalt der Nutzungen folgt über die Jahrzehnte hinweg keiner stringenten Entwicklung. In der Rückschau lassen sich unter den Schlagwörtern „Bewusster Umgang", „Wegschieben und Verdrängen", „Kommerzielle Verwertungsstrategien", „Freizeit, Kultur und Sport" sowie „Geschichtsinteresse" fünf grundsätzliche Haltungen im Umgang mit dem Gelände benennen.

Auch ein städtebaulicher Wettbewerb für das Gelände 2001 konnte, aus der Rückschau vielleicht nicht überraschend, kein schlüssiges Gesamtkonzept für derart unterschiedliche, teilweise zeitgleich bestehende Umgangsweisen mit dem Gelände entwickeln. Die vom Nürnberger Stadtrat 2004 beschlossenen Leitlinien verabschieden sich deshalb vom Versuch, dem Gelände ein Gesamtkonzept überzustülpen und formulieren als Ziel einen Erhalt und die Zugänglichkeit der Bauten bei einem gleichzeitigen Mix der Nutzungen. Als „urbane Parklandschaft" hat das Gelände heute einen wachsenden Besucherstrom und unterschiedliche Interessenlagen zu ertragen.

Bewusster Umgang
Bis heute besitzt das Reichsparteitagsgelände als Schauplatz einstiger NS-Propaganda eine große symbolische Wirkung. Reden, die vor der Kulisse nationalsozialistischer Architektur gehalten werden, Veranstaltungen, die die Dimensionen des einstigen Parteitagsareals nutzen, haben per se

eine erhöhte Aufmerksamkeit. Botschaften, unabhängig von ihrer weltanschaulichen oder ideologischen Richtung, erhalten durch die transportierten Bilder und die Wahl des Reichsparteitagsgeländes als Rahmen eine weitere Dimension. Diesen Effekt haben sich nach 1945 unterschiedliche Gruppen, Vereine und auch religiöse Vereinigungen zu Nutze gemacht.

Die Amerikaner waren sich über die Bedeutung des Reichsparteitagsgeländes genau im Klaren als sie Nürnberg erobert hatten. Unmittelbar nach der Einnahme Nürnbergs setzte der amerikanische Militärrabbiner David Max Einhorn ein erstes Zeichen und feierte auf der Zeppelintribüne einen improvisierten jüdischen Gottesdienst. Die US-Army setzte diesen Weg bewusster Zeichensetzung konsequent fort: Nach der Siegesparade auf dem Hauptmarkt fand am 22. April eine zweite Siegesparade auf dem Zeppelinfeld statt, danach sprengten die Amerikaner das Hakenkreuz über dem Mittelteil der Zeppelintribüne in die Luft – heute eine Bildikone für den Untergang des NS-Regimes – und entfernten später auch alle anderen nationalsozialistischen Symbole auf dem Gelände. Fortan kennzeichnete der große blaue Schriftzug „Soldiers' Field" links und rechts der Rednerkanzel Hitlers die neue Funktion des Areals. Bis in die 1960er Jahre fuhren auf dem Feld nicht mehr die Panzer der Wehrmacht, sondern die der US-Army und demonstrierten so bei jährlichen Paraden und Waffenschauen der deutschen Bevölkerung den amerikanischen Sieg über das nationalsozialistische Deutschland.

Als bewusstes Statement gegen den Nationalsozialismus war auch die Feier des 1. Mai 1947 auf dem Zeppelinfeld und später ein Pfingstlager der Gewerkschaften auf dem Gelände gedacht. Ein Transparent mit dem Slogan „Ihre Bauten sind tot – überwindet ihren Geist!" an der Fassade der Kongresshalle begrüßte die teilnehmenden Gewerkschaftsmitglieder 1962.

Auch die Sudetendeutsche Landsmannschaft wählte für den Sudetendeutschen Tag 1955 gezielt das Zeppelinfeld als politische Bühne aus. Die Veranstalter knüpften jedoch an Hitlers Rede beim Reichsparteitag 1938 gegen eine angebliche Gängelung der Sudetendeutschen positiv an und forderten am historischen Ort Reichsparteitagsgelände die „Rückkehr in die alte Heimat". Der Schriftzug „Soldiers' Field" hätte diese einseitige politische Indienstnahme der Ortes durch die Sudetendeutsche Landsmannschaft gestört und wurde deshalb mit abwaschbarer Farbe übermalt.

Mit Vorsatz wählten religiöse Gruppen den historischen Ort Reichsparteitagsgelände in der Vorstellung, durch Gebet und Gottesdienst nationalsozialistischen Ungeist zu überwinden. Die Zeugen Jehovas suchten mit ihrem Weltkongress 1953 ebenso das Zeppelinfeld als Veranstaltungsort auf wie der Prediger Billy Graham 1955. Auch der Skizze gebliebene Plan eines „Friedenshains" auf dem Zeppelinfeld von Nürnbergs Kulturreferentin Karla Fohrbeck war 1990 als Ort für Gedenken und Gebet gedacht.

Nicht politische oder religiöse Indienstnahme des Reichsparteitagsgeländes, sondern eine kritische Analyse des ideologischen Gehalts der NS-Architektur ist heute Leitmotiv beim Umgang mit dem Gelände.

Für dieses in den 1960er Jahren etablierte Denken steht der wichtige, preisgekrönte Kurzfilm „Brutalität in Stein" von Alexander Kluge und Peter Schamoni aus dem Jahr 1961, der Kamerafahrten auf dem Reichsparteitagsgelände mit Beschreibungen der nationalsozialistischen Verbrechen in Auschwitz kontrastiert – ein Grundgedanke, auf dem die Ausstellung „Faszination und Gewalt" ab 1985 in der Zeppelintribüne und letztlich auch die Ausstellung des Dokumentationszentrums Reichsparteitagsgelände seit 2001 beruhen.

Man kann allerdings in bewusster Wahrnehmung der nationalsozialistischen Architektur auf dem Reichsparteitagsgelände diese als Zumutung empfinden und ihre Beseitigung fordern, wie dies 1963 eine Gruppe Architekten des Bundes Deutscher Architekten getan hat. In der aktuellen Diskussion um Erhalt oder Verfall der Bauten auf dem Zeppelinfeld wurde in der Tradition dieses Denkens auch ein „kontrollierter Verfall" gefordert. Die vom Nürnberger Stadtrat beschlossenen Leitlinien von 2004, die einen Erhalt der Reichsparteitagsbauten im gegenwärtigen Zustand vorsehen, führen aber zu dem von der Stadt Nürnberg verfolgten Konzept einer „baulichen Sicherung" der Zeppelintribüne und des Zeppelinfeldes, um so weiterhin die Zugänglichkeit zu sichern und eine bewusste Auseinandersetzung vor Ort auch in Zukunft zu gewährleisten.

Wegschieben und Verdrängen
Die deutsche Nachkriegsgesellschaft stellte sich zunächst nicht der nationalsozialistischen Vergangenheit, sondern versuchte in ihrer breiten Mehrheit durch Wegschieben und Verdrängen einer Konfrontation zu entgehen. Zu schmerzlich und belastend erschien gerade in Nürnberg die jüngste Geschichte, mit der unrühmlichen Bekanntheit als „Stadt der Reichsparteitage" und der „Nürnberger Gesetze" sowie als Stadt des antisemitischen Hetzers Julius Streicher mit seiner Wochenzeitung „Der Stürmer". Da half es auch wenig, dass die „Nürnberger Prozesse" als juristische Abrechnung mit der Führung des NS-Staates der Stadt weltweite Beachtung verschafften, denn in den ersten Nachkriegsjahrzehnten lehnten viele die Prozesse als eine peinliche Veranstaltung, wenn nicht gar als angebliche „Siegerjustiz" ab. Die Bauten des ehemaligen Reichsparteitagsgeländes erinnerten die Menschen somit in ihrer ganzen Massivität immer aufs Neue an eine unrühmliche Vergangenheit, der man sich eigentlich endlich entledigen wollte. Möglich schien dies einerseits dadurch, dass man die nationalsozialistische Vergangenheit der Bauten schlicht ignorierte, andererseits durch den Abriss möglichst vieler der „störenden" Bauten.

Der im Krieg weitgehend unbeschädigt gebliebene Rohbau der Kongresshalle war im ansonsten stark kriegszerstörten Nürnberg der Nachkriegszeit zunächst zu wertvoll um an einen Abriss überhaupt zu denken, von den Kosten dafür ganz abgesehen. Man nutzte die Kongresshalle für die große „Deutsche Bauausstellung" 1949 und feierte im Jahr 1950 dort sogar das 900. Stadtjubiläum Nürnbergs mit einer historischen Ausstellung –

allerdings ohne Nürnbergs Rolle im Nationalsozialismus überhaupt zu erwähnen. Nicht einmal den Begriff „Kongresshalle" wollte man noch in den Mund nehmen und kreierte stattdessen das Kunstwort „Ausstellungsrundbau".

Vor diesem Hintergrund gab es Ende der 1950er Jahre keine große Diskussion als man die ehemalige Luitpoldarena durch Sprengung komplett beseitigte, um Platz für die neue Meistersingerhalle zu schaffen und mit der Parkanlage Luitpoldhain einen ähnlichen Zustand des Geländes wie vor 1933 herbeizuführen. Auch bei der Errichtung des neuen Stadtteils Langwasser war es unstrittig, dass dafür das Areal der Teilnehmerlager freigemacht und die bereits erbauten Türme des Märzfelds 1966/67 gesprengt werden sollten. Der „Angriff auf die letzten Kolosse", wie die Nürnberger Nachrichten am 12. April 1967 schrieben, wurde offensichtlich als Befreiungsschlag empfunden.

Im Fall des Zeppelinfeldes sahen dies allerdings Ende der 1960er Jahre nicht mehr alle Bürger Nürnbergs so. Eine erste Diskussion um einen drohenden Abriss und den vermeintlich richtigen Umgang mit den NS-Bauten entspann sich 1966 über ein an Hakenkreuzbänder erinnerndes Muster an der Decke der Pfeilergalerien zu beiden Seiten der Zeppelintribüne, dessen öffentliche Sichtbarkeit eine israelische Besuchergruppe als Skandal anprangerte. Demgegenüber beharrten führende Vertreter der Stadt darauf, dass es sich um ein auch in der Antike zu findendes klassisches Motiv handele. Dennoch fürchtete man von Seiten der Stadt einen Imageverlust. So kam es durchaus gelegen, dass 1967 das Nürnberger Hochbauamt die Pfeilergalerien als baufällig und nicht mehr verkehrssicher einstufte und der Nürnberger Oberbürgermeister Andreas Urschlechter eine schnelle Beseitigung der Pfeilergalerien durch Sprengung anordnete. Kaum eine Maßnahme im Zusammenhang mit dem ehemaligen Reichsparteitagsgelände führte zu derart heftigen Debatten in der Stadt. Nicht nur der wichtigste Nutzer der Tribüne, der Motorsportclub Nürnberg als Organisator des Norisringrennens, protestierte heftig, sondern auch zahlreiche Bürger bis hin zu den drei NPD-Vertretern im Nürnberger Stadtrat.

Die Proteste damals ausschließlich als Ausdruck einer ewiggestrigen Gesinnung einzustufen greift jedoch zu kurz: Eine erhebliche Anzahl von Leserbriefschreibern sah die Zeppelintribüne als Zeugnis der Geschichte, aus dem man lernen könne, oder schlicht als Touristenziel, dessen Zerstörung nicht sinnvoll schien.

Die Debatte des Jahres 1967 ist ein deutlicher Beleg dafür, dass spätestens Ende der 1960er Jahre ein „Konzept" im Umgang mit dem ehemaligen Reichsparteitagsgelände, das aus Verdrängung der Vergangenheit und Beseitigung störender Bauten bestand, als nicht mehr glaubwürdig und durchsetzbar galt. So ist es kein Wunder, dass sich mit Inkrafttreten der Neufassung des bayerischen Denkmalschutzgesetzes 1973/74 auf der Liste der denkmalwürdigen Bauten Nürnbergs auch Kongresshalle und

Zeppelinfeld, später auch die Große Straße fanden. Als „Kolossalstil des Dritten Reiches" wurden diese Gebäude als wichtige Zeugnisse ihrer Zeitepoche eingestuft. Damit war der Weg frei für Überlegungen, wie man die Auseinandersetzung mit dieser Geschichte künftig bewusst gestalten könnte.

Kommerzielle Verwertungsstrategien
Das Reichsparteitagsgelände war nach 1945 nicht nur ein historisches Areal, das an die Propaganda des Nationalsozialismus erinnerte, sondern aus Sicht von Stadtplanern, Architekten und Unternehmern ein Gebiet, dessen Bauten und Grundstücke entweder eine sinnvolle Nutzung für die Stadt und ihre Bürger erhalten oder wirtschaftlich gewinnbringend verwertet werden sollten. Trotz der belastenden Geschichte wurde der Blick ausschließlich in die Zukunft gerichtet. Deutlichen Ausdruck fand dieses Denken in den Empfehlungen des Preisgerichts für den städtebaulichen Wettbewerb zum Bau des Stadtteils Langwasser vom 9. Mai 1956, die kategorisch festlegten, dass Bauten der letzten beiden Jahrzehnte, gemeint waren die 1930er und 1940er Jahre und damit das ehemalige Reichsparteitagsgelände, „die neue Wohnstadt weder materiell noch psychologisch beeinträchtigen" durften.

Die gleiche Ansicht herrschte beim Umgang mit dem Bautorso Kongresshalle vor, der als „Ausstellungsrundbau" Platz für große Messen wie die „Deutsche Bauausstellung" 1949 bot. Mit dem Nachdenken über die unmittelbare Vergangenheit konnte und wollte man sich dabei nicht aufhalten. Das Motto der „Deutschen Bauausstellung" „Wir müssen bauen!" beinhaltete die Aufforderung, nach vorne zu schauen. Angesichts des großen Erfolgs dieser Ausstellung glaubte man damals, dass Nürnbergs Zukunft – und eben nicht seine Vergangenheit – am Dutzendteich läge. Als sich relativ schnell herausstellte, dass der unbeheizte Rohbau der Kongresshalle auf die Dauer nicht wirklich eine Zukunftsperspektive als Messestandort bot, arbeitete das Hochbauamt der Stadt Nürnberg weiter daran, die seit der Grundsteinlegung 1935 getätigten Investitionen irgendwie doch noch nutzbar zu machen. Das Projekt eines in das Halbrund der Kongresshalle eingebauten Fußballstadions wurde über zwei Jahrzehnte hinweg verfolgt, man prüfte sogar die Möglichkeit einer Überdachung, scheiterte letztlich aber an den Kosten für derartig hochfliegende Pläne. So wurde die Kongresshalle als Lagerhalle genutzt, in erster Linie für das Großversandhaus Quelle.

Bis in die jüngste Vergangenheit beflügelte besonders der Rohbau Kongresshalle die Phantasie von Wirtschaft und Politik. Die Investorengruppe „Congress und Partner" wollte 1987 ein Einkaufscenter mit Penthäusern und Pool auf dem Dach, ein Hotel und ein Seniorenheim in die Kongresshalle einbauen und damit eine vollständige Kommerzialisierung des Bautorsos erreichen. Diese Ideen scheiterten nicht nur an Bedenken bezüglich der Finanzierbarkeit des Projekts, sondern erstmals auch an den Protesten aus der Bürgerschaft, die diesen Umgang mit Geschichte nicht akzeptieren wollte. Für eine Bundesgartenschau in den 1990er Jahren dachte die Stadtspitze daran, den überdachten Innenhof der Kongresshalle zu einem riesigen Gewächshaus auszubauen – auch dieser Plan scheiterte an den zu erwartenden Kosten und hätte wohl ohnehin wenig Realisierungschancen gehabt.

Spätestens seit den 1980er Jahren müssen alle Bauprojekte auf dem ehemaligen Reichsparteitagsgelände aufgrund des gesellschaftlichen Bewusstseinswandels sowie der denkmalschutzrechtlichen Vorgaben den geschichtlichen Hintergrund des Areals berücksichtigen. Das war ein großer Fortschritt im Vergleich zu den bisherigen, eher unbedarften Umgangsformen, bedeutet aber nicht, dass kommerzielles Verwertungsinteresse ein Phänomen der Vergangenheit wäre. Der Nutzungsdruck auf das ehemalige Reichsparteitagsgelände durch Eventveranstaltungen aller Art steigt stetig, und noch immer werden Neubauten auf dem Gelände erwogen (Sporthalle, Gaststätte, Parkhaus) oder realisiert (Verwaltungsgebäude einer Bank) – mit ungelösten Verkehrsproblemen und Beeinträchtigung der traditionellen Nutzung des Dutzendteichareals als wichtigstem Naherholungsraum im Stadtgebiet Nürnbergs.

Freizeit, Kultur und Sport
Der Humorist Hanns Schödel meinte in den 1920er Jahren, die Nürnberger wüssten gar nicht, wann Sonntag wäre, wenn es den Dutzendteich nicht gäbe – so traditionell eingeführt war der Sonntagsspaziergang am einzigen stadtnahem Gewässer. Bis heute hat das Areal eine für Nürnberg entscheidende Funktion als Naherholungsgebiet. Der Bau des Reichsparteitagsgeländes hat einen Teil dieses naturnahen Gebiets auf Dauer zerstört: Die Große Straße durchschneidet die Seenlandschaft, zwei der Nummernweiher wurden für den Platz vor der Kongresshalle zugeschüttet, für das Deutsche Stadion war eine riesige Fläche freigeräumt sowie eine Baugrube ausgehoben worden und für die Kongresshalle selbst holzte man einen Wald mit 800 Bäumen ab. Das Areal präsentierte sich 1945 dementsprechend als riesige Baustelle mit Schienenanlagen, Baumaterial und Baubaracken, so dass man auch von der „Wüstenei am Dutzendteich" sprach.

Das Konzept eines Volksparks Dutzendteich ab Mitte der 1950er Jahre und die Beseitigung der Luitpoldarena zugunsten der Wiederanlage des Luitpoldhains bedeuteten insofern auch ein Stück Rückgewinnung des alten Naherholungsraums. Zahlreiche Sport- und Freizeitveranstaltungen eroberten das Areal inzwischen für eine alltägliche Nutzung zurück. Das kann nicht nur als Überdeckung der NS-Vergangenheit eingeordnet werden, sondern trägt auch dem berechtigten Interesse Rechnung, ein wichtiges Stück Stadtraum für die Stadtgesellschaft wieder nutzbar und die Zerstörungen durch nationalsozialistische Bauten wenigstens teilweise rückgängig zu machen. Zusätzlich etablierten sich auf dem Gelände neue Nutzungen.

Ab 1947 fanden rund um die nun so genannte „Steintribüne" am Zeppelinfeld Motorrad- und Autorennen statt – später bekannt als Norisringrennen. Dieses sehr populäre sportliche Großereignis nutzte lange Zeit den herausragenden NS-Bau ungehemmt als Logo und Werbeträger, was in den ersten Jahren auch ein Ausblenden der NS-Vergangenheit durch eine umfassende Dekoration mit Fahnen, Transparenten und Werbebannern bedeutete. Hier war es nicht nur Ziel den Schriftzug „Soldiers' Field" zu überdecken, sondern es sollte der „Steintribüne" wohl (unbewusst) auch etwas von ihrem martialischen, schroffen Charakter genommen werden. Über die Jahre trat so ein interessanter Effekt ein: Der Name „Steintribüne" ging in die Alltagssprache ein und das Gebäude wurde tatsächlich in die Nachkriegszeit als Tribüne des Norisringrennens transformiert.

Das große Festival „Rock im Park" ist neben dem Norisringrennen das zweite jährliche Großereignis auf dem Zeppelinfeld und weiten Teilen des übrigen Reichsparteitagsgeländes. Rock und Pop-Musik hatte aber einen bewussteren Einstieg auf dem Gelände. Eine der ersten großen musikalischen Veranstaltungen war 1978 das Konzert mit Bob Dylan, der vor seinem Song „Masters of War" auf den Ort Zeppelinfeld mit der Bemerkung einging: „... a great pleasure to play it in this place!". Die bequem auf der Wiese, den Zuschauerwällen und der Zeppelintribüne lagernde Menschenmenge der Flower-Power-Generation bei diesem legendären Konzert war ein echtes Kontrastprogramm zu den bei den Reichsparteitagen in Reih und Glied angetretenen Formationen. Damit öffnete Bob Dylan das Areal für die Rock- und Popmusik.

Die Alltagsnutzung durch Spaziergänger und Sportler, das Fahren auf dem Dutzendteich mit Segelbooten oder dem bekannten Tretbootschwan sowie unterschiedliche große und kleinere Veranstaltungen wie das Laufevent „Colour-Run", das traditionsreiche Treffen der VW-Käfer-Freunde vor der Steintribüne oder die Spiele des 1. FCN und anderer Sportvereine – all dies bedeutet nicht nur eine pragmatische Nutzung vorhandener Gebäude und Areale, sondern in gewisser Weise auch eine „demokratische Inbesitznahme" des 1945 noch öde und tot wirkenden Stadtraums „ehemaliges Reichsparteitagsgelände". Glaubwürdig erscheint dies allerdings nur dann, wenn parallel dazu die nationalsozialistische Vergangenheit des Geländes nicht einfach überdeckt, sondern dargestellt und Interessierten vermittelt wird.

Geschichtsinteresse
Besucher, die sich für die Geschichte der Parteitagsbauten interessierten, hatte das Gelände schon immer, allerdings fanden diese in den ersten Jahrzehnten kaum Informationsangebote. Einigen öffnete der Hausmeister der Kongresshalle die Tür, der allerdings keine Fremdsprache sprach, und manchmal konnte ein Imbissbudenbesitzer mit Informationen aushelfen. Von Seiten der Stadt Nürnberg wollte man diesen Tourismus nicht

offiziell bedienen, in der Befürchtung, hier alte und neue Nazis und damit das falsche Publikum anzuziehen und dem Ruf der Stadt zu schaden.

Ein seit den 1960er Jahren zunehmend wirkungsmächtiges Denken, welches die NS-Vergangenheit offen in den Blick nahm, führte in diesem Bereich zu einer Veränderung. In den 1970er Jahren gab es erste Informationsangebote in Form von Broschüren, die sich mit Nürnbergs Rolle im Nationalsozialismus beschäftigten. Auch der Stadttourismus bezog nun das Gelände mit ein.

Einen Durchbruch bedeutete die Eröffnung der Ausstellung „Faszination und Gewalt", die ab 1985 in der Zeppelintribüne zu sehen war. Aus der Initiative des Kulturreferenten Hermann Glaser für eine Darstellung der Geschichte Nürnbergs im Nationalsozialismus anlässlich des 50. Jahrestags der Machtübernahme 1983 entwickelte sich als Dauerprovisorium ein Ausstellungsprojekt, welches sich unter dem Begriffspaar „Faszination und Gewalt" kritisch mit dem Geschehen der Reichsparteitage, der ästhetischen Dimension der nationalsozialistischen Propaganda und dem Nationalsozialismus insgesamt beschäftigte. Der Mut, sich offen mit zuvor häufig als „dunkel" bezeichneten Seiten der Stadtgeschichte auseinanderzusetzen, lohnte sich. Nürnberg bekam bundesweit eine der ersten Ausstellungen, welche die eigene nationalsozialistische Geschichte vor Ort zeigte, und konnte auf dieser Basis eine völlig neue Geschichtspolitik angehen. Mit den Jahren zeigte sich, dass der provisorische Charakter der Ausstellung den Besucheransprüchen nicht mehr entsprach. Der Ausstellungsraum „Goldener Saal" war im Winter nicht heizbar, die Ausstellung arbeitete bewusst mit sehr einfachen Mitteln und konnte nur wenig Medien einsetzen.

Unter anderem das 950. Stadtjubiläum im Jahr 2000 bot die Chance einer grundsätzlichen Neuausrichtung der Nürnberger Museen. Mit Hilfe lokaler Sponsoren als Anschubfinanzierung konnte die Stadt Bund und Land davon überzeugen, als Nachfolge der Ausstellung in der Zeppelintribüne ein neues Dokumentationszentrum in der Kongresshalle zu bauen. Die 2001 eröffnete museale Einrichtung mit der preisgekrönten Architektur Günter Domenigs, welche die nationalsozialistische Bauästhetik radikal angeht und den nördlichen Kopfbau der Kongresshalle durchschneidet, steht für eine neue Vergangenheitspolitik, welche alte Vorbehalte und Verdrängungstendenzen weit hinter sich lässt.

Das Dokumentationszentrum Reichsparteitagsgelände und das Gelände selbst sind heute ein vielbesuchtes Reiseziel und auch Gegenstand des steigenden (Massen-)tourismus, den es auf dem Gelände immer gab, der jedoch in früheren Jahrzehnten schlicht nicht beachtet wurde. Die Angebote des Dokumentationszentrums und das 2006 errichtete Geländeinformationssystem dokumentieren, dass die kritische Auseinandersetzung mit Geschichte heute auf dem Gelände präsent ist. Dies erst ermöglicht in glaubwürdiger Weise eine pragmatische Nutzung, der nicht mehr der Vorwurf einer geschichtslosen wirtschaftlichen Verwertung baulicher Hinterlassenschaften des Nationalsozialismus gemacht

werden kann. Damit nimmt auch in neuester Zeit die Zahl kultureller
und sportlicher Events auf dem Gelände stetig zu.

Perspektiven für das Gelände
Die komplizierte, auch von Halbheiten und Peinlichkeiten geprägte
Geschichte des Reichsparteitagsgeländes nach 1945 ist ein geschichts-
politisches Spiegelbild des Umgangs der Deutschen mit ihrer nationalsozialistischen Vergangenheit. Die Gleichzeitigkeit diametral entgegenge-
setzter Vorstellungen vom „richtigen" Umgang mit dem Gelände zeigte
sich exemplarisch in den 1960er Jahren bei den Diskussionen um die Kongresshalle. Hochbaureferent Heinz Schmeißner ließ Pläne für ein Fußballstadion oder gar die Fertigstellung als Veranstaltungshalle prüfen, während
Gewerkschafter ein Transparent mit der Aufschrift „Ihre Bauten sind tot –
überwindet ihren Geist!" an der Fassade der Kongresshalle anbrachten
und der Bund Deutscher Architekten den Abriss des Gebäudes vorschlug.

Im neuen Jahrtausend scheinen manche Kontroversen der Vergangenheit erledigt. Es stellt sich nicht mehr das Problem einer Verdrängung
von nationalsozialistischer Geschichte, sondern eher die Frage, wie eine
Gedenkkultur im 21. Jahrhundert ohne Zeitzeugen glaubwürdig gestaltet
werden kann ohne zum hohlen Ritual zu verkommen. Ist der Erhalt von
Orten der Opfer als Gedenkstätten unstrittig, gilt dies für die Orte der Täter
und Mitläufer und damit für Orte wie das ehemalige Reichsparteitagsgelände nicht unbedingt. Welche baulichen Zeugen des Nationalsozialismus
sind erhaltenswert, als Denkmal und Lernort auch in Zukunft unverzichtbar?

Seit einigen Jahren verschlechtert sich der Bauzustand von Zeppelintribüne und -feld trotz seit langem durchgeführter Erhaltungsmaßnahmen
vehement. Nach umfassender Diskussion mit Bürgern, Vereinen und vielen
am Gelände in irgendeiner Weise Interessierten hat sich die Stadt Nürnberg
dazu entschlossen, für den Erhalt zu sorgen. Dies bereitet Probleme, da
inzwischen erhebliche Schädigungen der Zeppelintribüne und der Zuschauer-
wälle festzustellen sind. Die rückwärtige Fassade der Zeppelintribüne ist
bereits abgezäunt, herabfallende Gesteinsbrocken gefährden sonst Passanten. Nur ein umfassendes Eingreifen mit voraussichtlich höherem finanziellen Aufwand ermöglicht eine bauliche Sicherung des Areals und damit
weiterhin eine Zugänglichkeit von Zeppelintribüne und Zeppelinfeld. Zur
Zeit werden Möglichkeiten einer baulichen Sicherung und die daraus resul-
tierenden Kosten an Musterflächen geprüft.

Die herausragende historische Bedeutung von Zeppelinfeld und
-tribüne, die zahlreichen Besucher und die besondere Funktion als Lernort
sind gewichtige Argumente für eine bauliche Sicherung. Die Alternative,
ein zunehmend fortschreitender Verfall der Gebäude, die dann großräumig
abgezäunt werden müssten, ergäbe einen nur schwer vermittelbaren
Zustand: eine über 300 Meter lange Ruine mit der romantisch überwucher-
ten Rednerkanzel Hitlers, die langsam in einem abrutschenden Trümmerfeld
versinkt. Kaum ein Besucher aus dem In- und Ausland würde diesen –

keineswegs kontrollierbaren – Verfall als gewollt verstehen, sondern eher als Versagen der Stadt Nürnberg bewerten: Ein Versuch, sich doch noch dieses Teils der Geschichte zu entledigen.

Nicht in Ruinengrundstücken, sondern im baulichen Erhalt liegt daher die Perspektive für das Gelände. Als „urbane Parklandschaft" wird Nürnbergs Südosten für vielfältige Nutzungen zur Verfügung stehen. Neben der Vermittlung von Geschichte sind dabei auch Freizeitnutzungen, der Sport, Lebensraum für Pflanzen und Tiere, Veranstaltungsort für Messen, Wohnort für zahlreiche Nürnberger und Spielort für Kultur wichtige, parallel existierende Funktionen auf dem Gelände. Dieses Nebeneinander möglichst so zu organisieren, dass alle Interessenlagen zu ihrem Recht kommen, ist die wichtigste Zukunftsaufgabe auf dem Gelände.

Alexander Schmidt

Zur Ausstellung: Das Gelände.
Dokumentation. Perspektiven. Diskussion.

Die Ausstellung „Das Gelände", die 2015/16 im Dokumentationszentrum zu sehen ist, präsentiert in einem großen Baugerüst die Geschichte des Reichsparteitagsgeländes nach 1945 mit Bildern, Texten und Objekten, stellt das Projekt einer baulichen Sicherung der Zeppelintribüne und des Zeppelinfeldes dar und visualisiert mit einer Projektion die künftige Weiterentwicklung des Areals als ErfahrungsRaum für historisches Lernen. Der Blick auf den Umgang mit anderen nationalsozialistischen Großbauten in Deutschland ordnet die Nürnberger Entwicklung in einen größeren Zusammenhang ein. Eine „NachlesBar" am Ende der Ausstellung bietet Besuchern die Möglichkeit der Vertiefung der Thematik, im Besucherforum können sie ihre Meinung formulieren.

Das Baugerüst – eine Gestaltungsidee von Holzer Kobler Architekturen Zürich/Berlin – nimmt Bezug auf die Situation, in der sich die Stadt Nürnberg 2015/16 befindet. Mit der baulichen Sicherung von Zeppelintribüne und Zeppelinfeld ist Nürnberg vor keine einfache Aufgabe gestellt. Das Gerüst verbildlicht, dass sich etwas im Aufbau, im Entstehen befindet.

Das Gerüst hat aber noch eine zweite Dimension: Nicht edle Ausstellungsarchitektur, sondern der vorläufige, temporäre Charakter eines Baugerüsts entspricht auch in vielen Facetten dem Umgang mit dem Reichsparteitagsgelände nach 1945. Die Filigranität und Durchsicht des Gerüsts ermöglicht einen unverstellten Blick auf diese Nachkriegsgeschichte. Der Flaneur, der schaut und denkt (im Sinne Walter Benjamins), darf sich in diesem mit Texten, aber auch mit vielen Bildern, Objekten und Medien bestückten Gerüstpassagen aufmachen, selbst Neues zu entdecken.

Die Geschichte des Geländes seit 1945 folgt keinem systematischen Masterplan, sondern hat auch etwas Zufälliges. So kann man zwischen den Themen und Umgangsweisen, die auf in das Gerüst eingehängten Planen präsentiert sind, hin und her gehen. Durchblicke machen gespannt auf die weiteren Themen, lassen Assoziationen aufkommen und immer wieder neue Zusammenhänge entdecken. Wer die Nachkriegsgeschichte des Geländes ernst nimmt, muss sich auch den Skurrilitäten und dem seit 1945 entstandenen Alltagsleben aussetzen, ohne mit harschem Urteil immer und jederzeit Auseinandersetzung mit NS-Geschichte zu fordern. So ist in der Ausstellung der Pionierfilm „Brutalität in Stein" von Alexander Kluge und Peter Schamoni ebenso zu sehen wie ein Seitenwagengespann des Norisringrennens und der Tretbootschwan, der im Sommer auf dem Dutzendteich seine Runden dreht. Die Zukunft des Geländes – das ist neben der Beschäftigung mit Geschichte auch lebendiges städtisches und naturnahes Leben. Diese Geschichte plastisch begreifbar zu machen und auch positive Aspekte der Entwicklung seit 1945 zu zeigen – dafür steht das bunt bestückte Baugerüst in einem Stück unvollendeter nationalsozialistischer Architektur der Kongresshalle. Die Texte und Bilder der Ausstellung sind hier dokumentiert.

Alexander Schmidt

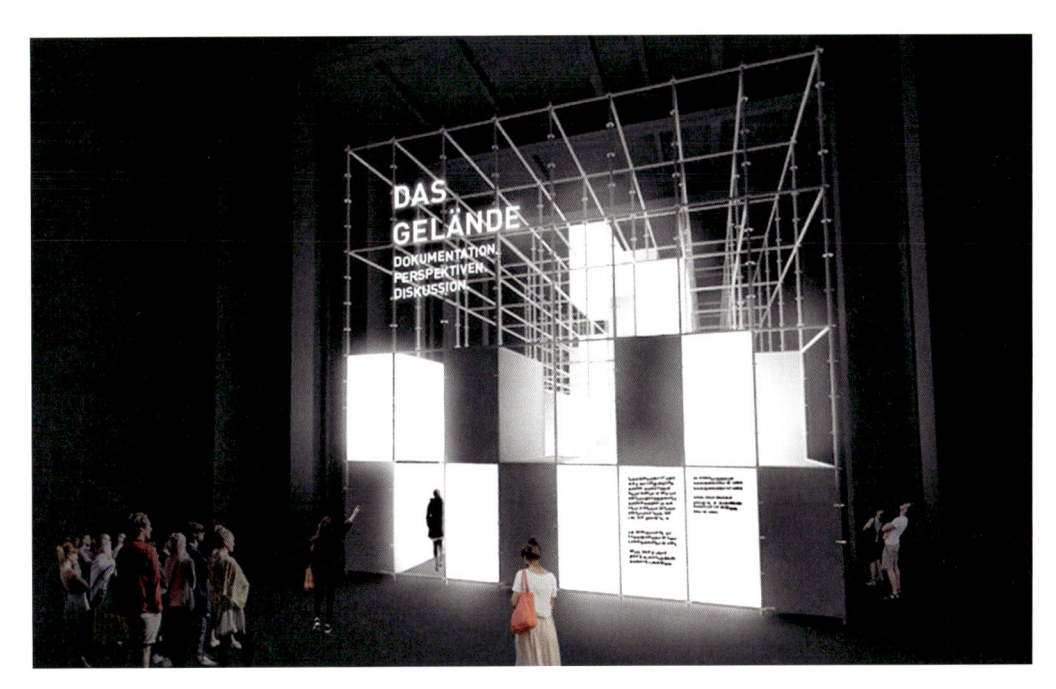

Ein hell beleuchtetes Gerüst ist Träger für Texte, Bilder, Objekte und Medien der Ausstellung „Das Gelände. Dokumentation, Perspektiven, Diskussion" in der großen Ausstellungshalle des Dokumentationszentrums.
Animation der Ausstellungsarchitektur, Holzer Kobler Architekturen, 2015.

Bauliches Erbe
Das Reichsparteitagsgelände

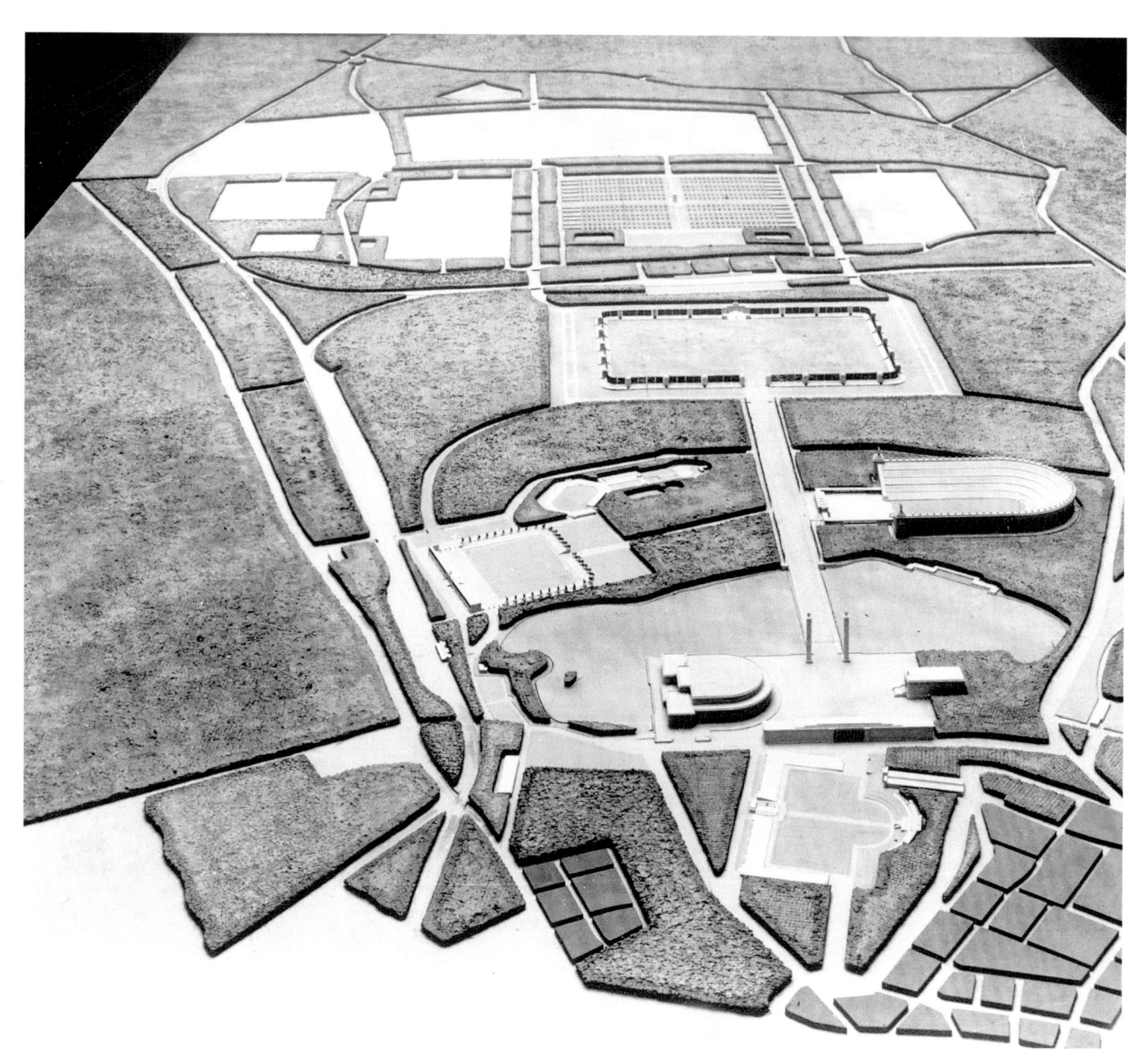

Das Modell des Geländes von 1937 zeigt
den geplanten Endausbau mit dem
Deutschen Stadion (rechts) sowie dem
Märzfeld und den Teilnehmerlagern (oben).
Fotografie des Geländemodells von Albert Speer,
Stadtarchiv Nürnberg, 1937.

Große Relikte des Reichsparteitagsgeländes prägen heute das Gelände um den Dutzendteich: der Torso der Kongresshalle (Bildmitte), das Zeppelinfeld mit der Haupttribüne (oben links) und die Große Straße (rechts).
Herbert Liedel, 2011.

Das Reichsparteitagsgelände, von 1933 bis 1938 wichtigster Propagandaort der Nationalsozialisten, bleibt 1945 als riesige Baustelle mit fertiggestellten Aufmarschflächen (Luitpoldarena, Große Straße, Zeppelinfeld), unvollendeten Bauten (Kongresshalle, Märzfeld) und kaum begonnenen Bauprojekten (Deutsches Stadion) zurück. Die Gebäude transportieren als bauliche Zeugen des „Dritten Reichs" Geschichte in die Gegenwart und stellen die Frage nach dem richtigen Umgang mit Geschichte.

Ein erheblicher Teil des Geländes wird nach 1945 freigeräumt (Luitpoldarena, Märzfeld, Teilnehmerlager, Baustelle Deutsches Stadion). Dort entstehen der Volkspark Dutzendteich und der neue Stadtteil Langwasser. Andere Gebäude werden intensiv nachgenutzt (Kongresshalle), massiv verändert (Zeppelintribüne) oder komplett saniert (Große Straße). Alle Umgangsweisen und Nutzungen dokumentieren einen bestimmten Zeitgeist, eine mehr oder weniger bewusste Haltung zur nationalsozialistischen Vergangenheit.

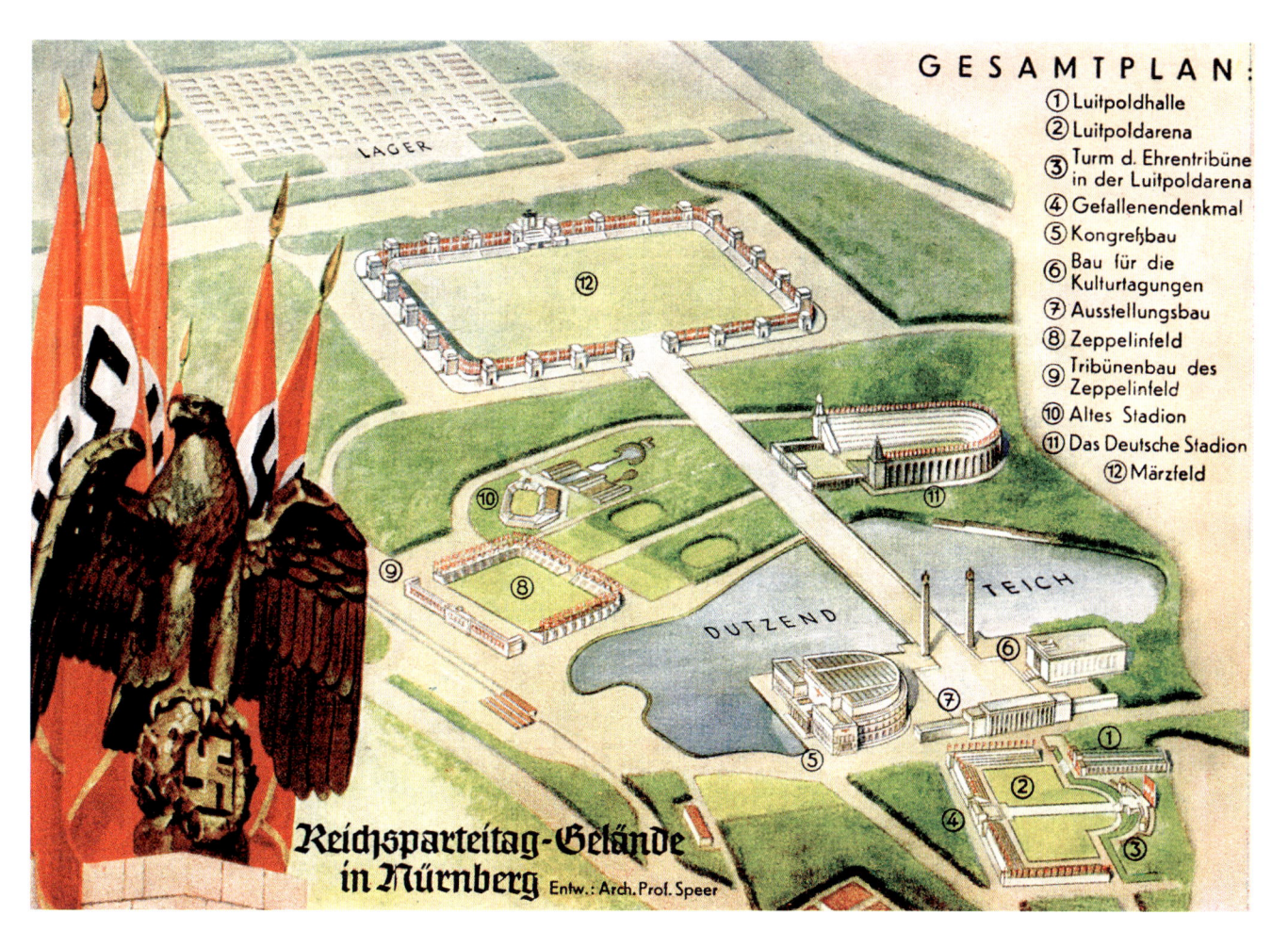

GESAMTPLAN:

① Luitpoldhalle
② Luitpoldarena
③ Turm d. Ehrentribüne in der Luitpoldarena
④ Gefallenendenkmal
⑤ Kongreßbau
⑥ Bau für die Kulturtagungen
⑦ Ausstellungsbau
⑧ Zeppelinfeld
⑨ Tribünenbau des Zeppelinfeld
⑩ Altes Stadion
⑪ Das Deutsche Stadion
⑫ Märzfeld

Reichsparteitag-Gelände in Nürnberg Entw.: Arch. Prof. Speer

Von der Gesamtplanung werden bis 1939 nur die Luitpoldarena (Nr. 1–4), die Mittelachse der Großen Straße und das Zeppelinfeld (8 und 9) vollendet, Kongresshalle (5) und Märzfeld (12) entstehen teilweise, das Deutsche Stadion (10) bleibt eine Baugrube.
Propagandapostkarte, Dokumentationszentrum Reichsparteitagsgelände, um 1937.

Zeitschnitte
Der Umgang mit dem Reichsparteitagsgelände seit 1945

Seit 1945 stellt sich die Frage, was mit den Bauten des Reichsparteitagsgeländes geschehen soll, jeder Generation neu. Die US-Army entfernt alle nationalsozialistischen Symbole, gibt nach und nach das Gelände und damit die Verantwortung an die Stadt Nürnberg zurück.

Seit den 1950er Jahren werden Bauten abgerissen, andere Geländeteile dienen bis heute als wichtige, auch fragwürdig genutzte Bühnen und Kulissen. Gewinnbringende Verwertung und Abriss ein- und desselben Gebäudes werden zeitgleich diskutiert.

Die Geschichte des Geländes nach 1945 erzählt von der Widersprüchlichkeit der Deutschen im Umgang mit der nationalsozialistischen Vergangenheit. Gleichzeitig ist die „urbane Parklandschaft" am Dutzendteich Erholungsraum, Ort für Sport, Kultur, Freizeit und, mit dem Dokumentationszentrum Reichsparteitagsgelände, Anziehungspunkt für Besucher aus aller Welt.

Soldiers' Field
Die Amerikaner auf dem Reichsparteitagsgelände
1945 | 1994

„Die Zeppelinwiese – friedlicher Kriegsschauplatz mit Panzern und Haubitzen. […] Die jüngeren Besucherjahrgänge sahen sich vor allem das schwere und leichte Armeegewehr recht gründlich an, […] von der amerikanischen ‚Bazooka' ganz zu schweigen und den großen und kleinen Geschützen, an deren Richtgeräten sich die jungen Bewunderer die Finger wund kurbelten."
Bericht über eine Waffenschau der US-Armee auf dem Zeppelinfeld, Nürnberger Nachrichten, 1955.

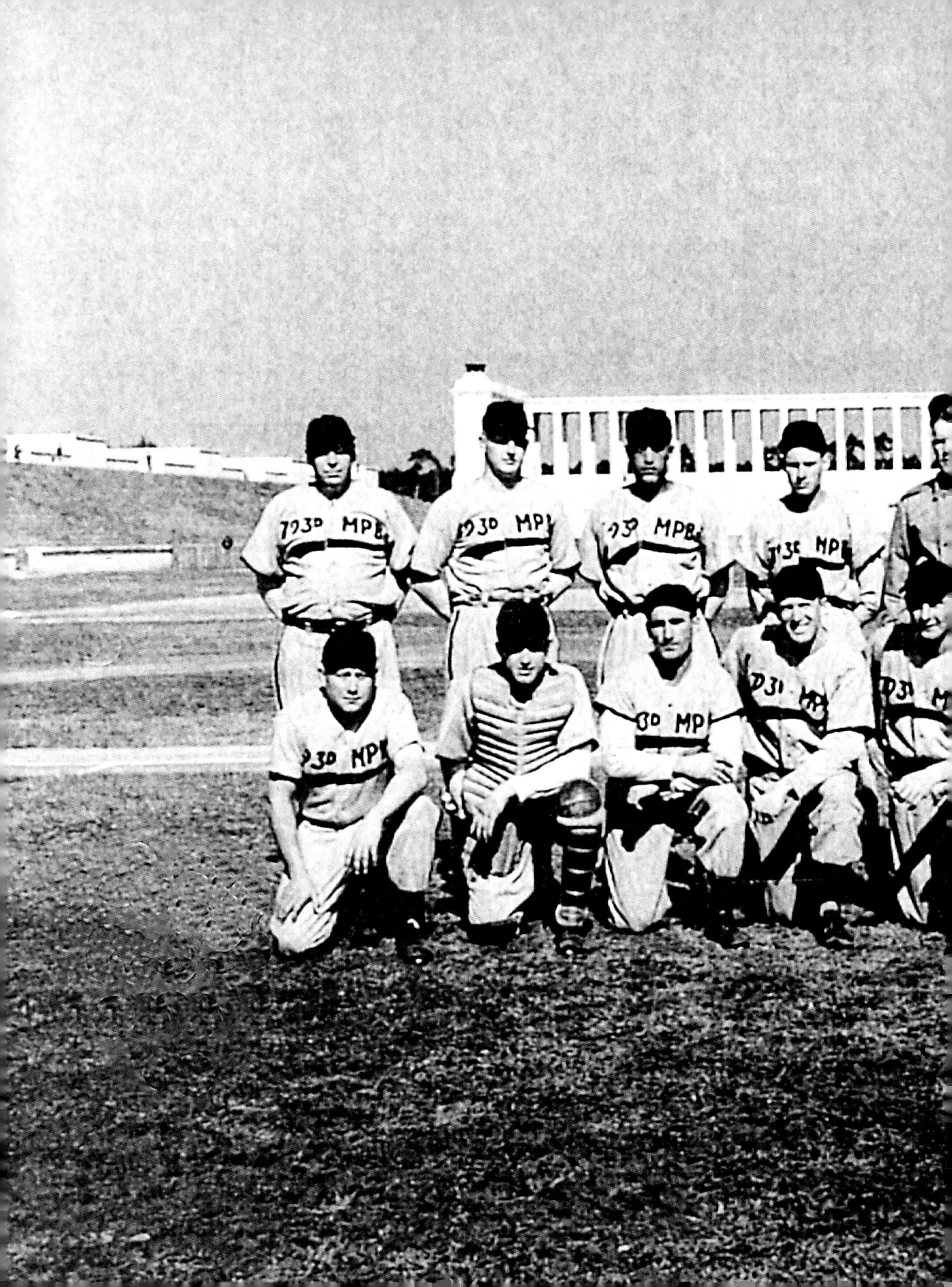

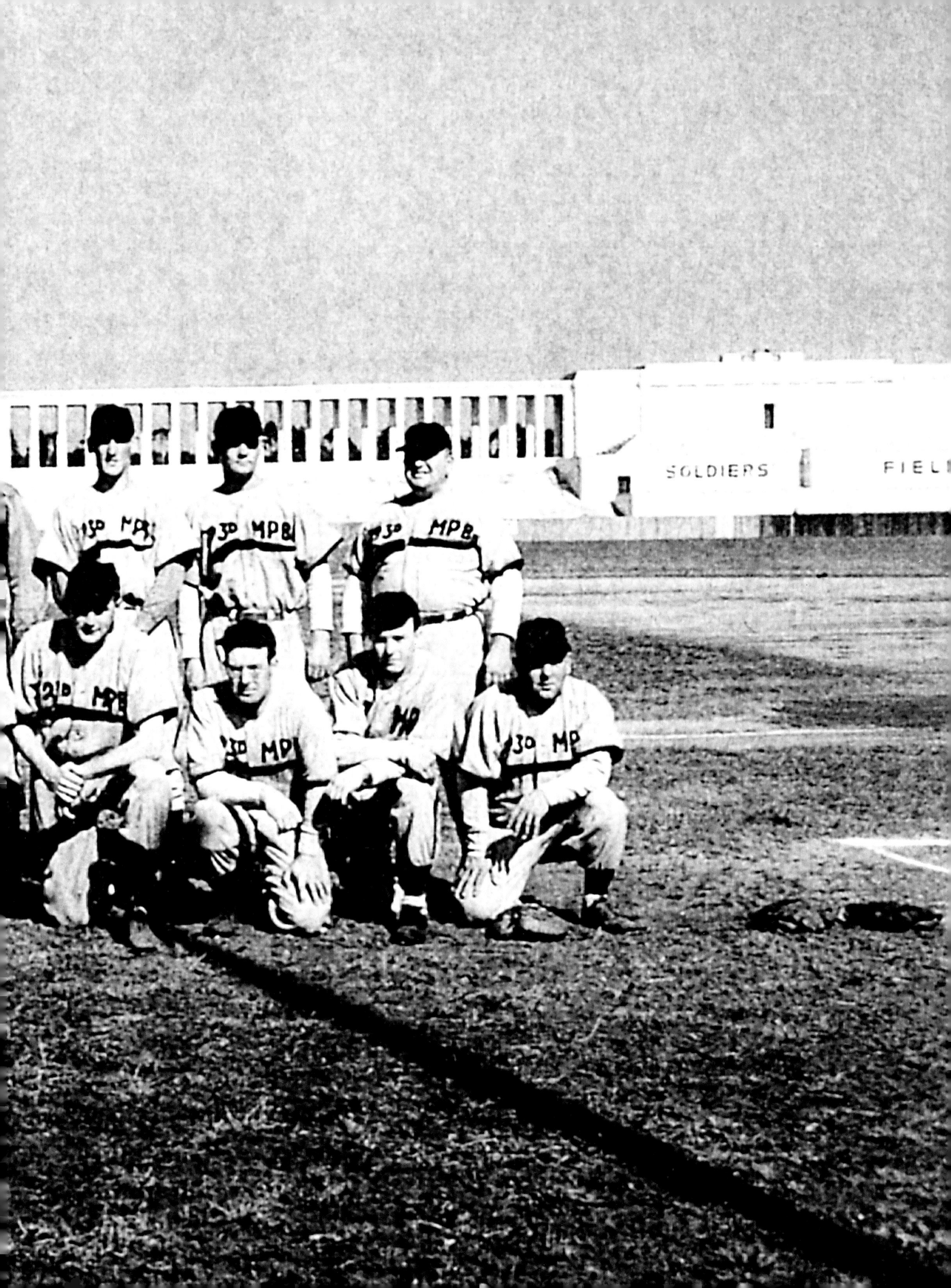

SOLDIERS

1945 Siegesfeier und Beseitigung nationalsozialistischer Symbole, Nutzung großer Geländeteile durch die US-Army | 1950er und 60er Jahre Zeppelinwiese als „Soldiers' Field" | 1960er und 70er Jahre Baseball und Deutsch-Amerikanische Volksfeste | 1994 Abzug der US-Army

Von 1945 bis 1994 sind Soldaten der US-Army in Nürnberg stationiert und nutzen neben der SS-Kaserne auch viele andere Bereiche des Reichsparteitagsgeländes. Das in „Soldiers' Field" umbenannte Zeppelinfeld nimmt dabei einen besonderen Stellenwert ein. Hier finden nicht nur Militärparaden und Waffenschauen, sondern auch Sportveranstaltungen, das Deutsch-Amerikanische Volksfest und Konzerte statt. 1994 verlässt die US-Army Nürnberg.

Heute erinnert das Fangnetz eines Baseballfeldes an die Nutzung für den amerikanischen Sport. Als Haltestangen dienen die originalen Fahnenmasten der Türme des Zeppelinfelds. 2011 wird eine Gedenktafel für die bei der Eroberung Nürnbergs getöteten US-Soldaten an der Zeppelinhaupttribüne enthüllt.

←
Amerikanisches Baseballteam auf dem Zeppelinfeld
Dokumentationszentrum Reichsparteitagsgelände, 1960er Jahre.

Nach einer Siegesparade auf dem Zeppelinfeld am 22. April 1945 sprengt die US-Army das große Hakenkreuz in der Mitte der Zeppelinhaupttribüne in die Luft. Die Filmaufnahmen der Sprengung gehen um die ganze Welt und sind heute Teil des kollektiven Bildgedächtnisses.
Am 8. Mai wird eine Gruppe von Soldaten der Air-Force gefilmt, die das Zeppelinfeld besuchen und noch die Reste des gesprengten Hakenkreuzes vorfinden.
In der Folgezeit nehmen die Amerikaner das Areal als „Soldiers' Field" in Besitz.
Sprengung des Hakenkreuzes auf der Zeppelintribüne, National Archives Washington, 1945.

Das weiße A auf blauem Grund in rotem Kreis ist das Zeichen der 3rd Army und findet sich noch heute als eine Spur des „Soldiers' Field" an den Türmen des Zeppelinfelds über den Zuschauerwällen.
Dokumentationszentrum Reichsparteitagsgelände, 2015.

Der große Schriftzug „Soldiers' Field" und das Zeichen des 26. US-Infanterieregiments auf der Rednerkanzel dokumentieren den Anspruch der US-Army auf das Aufmarschfeld der Parteitage.
Mittelteil der Haupttribüne, Ray d'Addario, um 1947.

Militärische Verwendung nach 1945:
Haubitzen geben bei der Verabschiedung
eines US-Bataillons Salutschüsse ab.
Nürnberger Nachrichten, 1955.

Die in Europa stationierten US-Streikräfte
organisieren auf dem Zeppelinfeld
Leichtathletik-Wettkämpfe und viele
andere Sportveranstaltungen.
Plakat der United States Army Europe (USAREUR),
Stadtarchiv Nürnberg, 1964.

Der Norisring
Rennen an der „Steintribüne"
1947 | 2015

„Statt SA, SS und Wehrmacht geben jetzt jaulende Motoren den Ton an."
Website norisring.de des Nürnberger Motorsport Clubs, 2015.

1947–1957 Motorradrennen um die „Steintribüne" | 1948–1952
Autorennen im Beiprogramm | 1960–2015 Autorennen als Hauptevent |
1961–1976 Motorradrennen im Beiprogramm

Mit Hilfe der amerikanischen Militärverwaltung begründet der Nürnberger Motorsportclub bereits 1947 die Tradition des Norisringrennens um die so genannte „Steintribüne", zunächst mit Motorrädern, ab 1948 auch mit Rennwagen. Das Norisringrennen ist die erste Großveranstaltung auf dem ehemaligen Reichsparteitagsgelände und überlagert die nationalsozialistische Vergangenheit durch ein populäres Freizeiterlebnis. Die „Steintribüne" dient als Logo der Veranstaltung und wichtiger Werbeträger – bis heute.

Das immer aufwendigere Sportevent, zeitweise als „200 Meilen von Nürnberg" bezeichnet und derzeit als Teil der Deutschen Tourenwagenmeisterschaft (DTM) veranstaltet, verstellt mit seinen Absperrungen während des ganzen Jahres das Areal des Zeppelinfelds.

→
Die „Steintribüne" ist Markenzeichen und sogar Plakatsignet für den Rennsport am Norisring. Auch nach Sprengung der Pfeilerreihen 1967 und Beseitigung der Seitenflügel bleibt sie prägendes Element der Plakate zu den „200 Meilen von Nürnberg".
Rennsportplakate, Stadtarchiv Nürnberg, 1947 (2×), 1949, 1954, 1962 und 1999.

Nürnberger
MOTORRAD-
RUNDSTRECKEN-
RENNEN
MIT DER GESAMTEN SPITZENKLASSE
DER DEUTSCHEN SOLO- UND
SEITENWAGEN-RENNFAHRER
13
47
47
13
13
Sonntag, den 18. Mai nachm. 13³⁰ h
bei jedem Wetter!
IM STADION-GELÄNDE • TRAINING: 17. MAI NACHMITTAGS VON 13-19 UHR
Veranstalter: Motorsportklub Nürnberg e. V. • Protektorat: Bürgermeister Dr. Levié
Preise: Tribünen-Mitte RM 12.-, Tribünen-Rückseite RM 10.-, Tribüne links u. rechts RM 7.-, übrige Plätze RM 3.-, Trainingskarte RM 1.-
Vorverkauf: A. B. R. im K. W. T. · Apollo-Passage · Amtl. Bayer. Reisebüro Fürth, Bahnhofstraße 4 · Geschäftsstelle Lindenaststraße 65/I · Pillenstein, Fürth, Breidscheitstraße 13 · Heinz, Nürnberg, Pillenreutherstraße 52 · Bronnhold, Nürnberg Jakobsplatz 21 • Sonderwagen der Straßenbahn bis Dutzendteich
Verantwortlich: Motorsportklub e. V., Sportleiter Alfred Steiner
Druck: Karl Ulrich & Co., Nürnberg. 4. 47. Aufl. 1000

Sonntag, den
7. SEPT.
14 Uhr · Bei jedem Wetter
MOTORRAD-RENNEN
RUNDSTRECKE IM STADIONGELÄNDE NÜRNBERG
ENDLAUF ZUR
DEUTSCHEN STRASSENMEISTERSCHAFT
FÜR SOLO- UND SEITENWAGENMASCHINEN

TRAINING: Freitag, 5. September 1947 von 16.00 bis 19.00 Uhr. Samstag, 6. September 1947 von 13.00 bis 19.00 Uhr.
Veranstalter: Motorsportklub e. V. Nürnberg · Protektorat: Bürgermeister Dr. Leviè
PREISE DER PLÄTZE: Sitzplatz Tribüne und Kurvenplatz RM. 7.—, Tribüne-Gegengerade RM. 3.—, Trainingskarte RM. 1.—.
VORVERKAUF: Programmschau, Pfannenschmiedsgasse • ABR im KWT • Schmitt, Gostenhofer Hauptstr. 17 • Heinz, Pillenreuther Str. 52 • Pronhold, Jakobsplatz 21 • Sporthaus Rimke, Ludwigstraße
ABR Fürth, Bahnhofstr. 4 • Pillenstein, Fürth, Breitscheidstraße 13. **Sonderwagen der Straßenbahn bis Dutzendteich.**
Verantwortlich: Hans Richter, Nürnberg. Druck: Karl Ulrich & Co. Nürnberg. Auflage 3000. 8. 47.

39

Die Zeppelintribüne ist beim ersten Motorradrennen 1947 „umdekoriert": Ein „ADAC"-Transparent nimmt den Platz des großen goldenen Hakenkreuzes über der Tribüne ein, Werbetransparente der Zweiradindustrie verdecken den Schriftzug „Soldiers' Field" neben der Rednerkanzel.
„Steintribüne" mit Zuschauern, Archiv Motorsportclub Nürnberg, 1947.

Bis Ende der 1950er Jahre sind Motorräder die Hauptattraktion des Norisringrennens.
Motorräder mit Rennverkleidung am Start, Archiv Motorsportclub Nürnberg, 1950er Jahre.

Der Norisring zieht als einzige innerstädtische Rennstrecke der DTM im Jahr 2015 130.000 Besucher an. Die Ziellinie führt exakt auf die Rednerkanzel Hitlers zu, die als Standort für Lautsprecher dient.
DTM am Norisring, Ralf Schedlbauer, 2008.

Die Tribüne selbst ist Mittelpunkt des Geschehens und wird als Werbefläche und Kulisse genutzt.
„Steintribüne" mit Zuschauern, Dokumentationszentrum Reichsparteitagsgelände, 2015.

Politische Manifestationen
1. Mai, Sudetendeutsche Tage 1947 | 1956

„Von nahezu drei Millionen, die Haus und Hof haben verlassen müssen, fanden sich fast fünfhunderttausend in der Norisstadt ein, um ihr Recht auf die Heimkehr geltend zu machen: niemals die Heimat aufzugeben, weil Deutschland niemals am Eisernen Vorhang enden kann. Auf dem Zeppelinfeld, dem ehemaligen Parteitagsgelände, erreichte die mächtige Kundgebung am Sonntag ihren Höhepunkt."
Zeitschriftenbericht zum Sudetendeutschen Tag, 1955.

1947 Feier des 1. Mai | 1955 Sudetendeutscher Tag | 1956 Sudetendeutscher
Tag | 1962 Gewerkschaftertreffen | seit 2007 Friedensläufe

Der bekannteste Ort nationalsozialistischer Propaganda ist auch nach 1945 ein prominenter Schauplatz, um politische Haltungen zu bekunden. Die Feier des 1. Mai 1947 und ein Gewerkschaftertreffen 1962 sind bewusst als Statement gegen den Nationalsozialismus gedacht.

Der Sudetendeutsche Tag 1955 nimmt dagegen die letzte Rede Hitlers beim Reichsparteitag 1938 positiv auf: Hitler hatte sich drohend gegen eine angebliche Bedrängung der Sudetendeutschen gewandt. Die Veranstalter fordern 1955 am selben Ort die Rückkehr in die alte Heimat und die Rückgabe der Gebiete jenseits der Oder-Neiße-Grenze. Der Aufwand für die Dekoration der Zeppelinhaupttribüne anlässlich des 10. Jahrestags der Vertreibung ist immens – und setzt die Inszenierungen bei den Reichsparteitagen fort.

→
Die Entzündung der „Opferschalen auf der Haupttribüne", die Verlesung eines Textes des nationalsozialistischen Dichters Wilhelm Pleyer und die Liedauswahl beim Sudetendeutschen Tag irritieren heute.
Ablaufplanung des Sudetendeutschen Tags, Bayerisches Hauptstaatsarchiv München, 1955.

Ablauf der Kundgebung
zum
"Sudetendeutschen Tag 1955" am 29. Mai 1955 auf der Zeppelinwiese
in Nürnberg.

In der Zeit nach Beendigung der Gottesdienste bis zum Beginn der Kundgebung, also von 9 Uhr 30 bis 10 Uhr 30 werden die Heimatlandschaftsbetreuer die Landsleute aus den Zelten auf dem Volksfestplatz nach der Z.-Wiese dirigieren.

Die Angehörigen der einzelnen Heimatlanschaften werden geschlossen blockweise im Rund der Zuhörertribüne auf der Z.-Wiese untergebracht.

Die Abordnungen der Heimatlandschaften (Hundertschaften), jeweils an der Spitze die T r a c h t e n g r u p p e, begeben sich zum Sammelplatz der Jugend hinter der Z.-Wiese.

Bis 10 Uhr 15 spielt die Bubenreuther Geigenbauer-Kapelle auf der Z.-Wiese österreichsche Märsche.

10. Uhr 30 werden die zwei Opferschalen auf der Haupttribüne entzündet und nach den Klängen des Egerländer Marsches setzen sich die Abordnungen der Landschaften von rückwärts in Bewegung und begeben sich auf die vorbestimmten Plätze in den ersten zwei Reihen der Haupttribüne.
Anschließend folgt die Jugend, die im Feld genau gegenüber der Rednertribüne Halt macht.

Die Fahnenabordnungen und der Fanfarenzug begibt sich auf die Haupttribüne.

Das Gros der Jugend verteilt sich gruppenweise auf dem Feld.
Nach der Prinz-Eugen-Fanfare (Fanfarenzug der Jugend), tritt Landsmann Uhmann ans Mikrophon und ruft die einzelnen Heimatlandschaften auf.
/: Ich rufe " Den Böhmerwald ! " usw.:/

Hinter jedem Aufruf blasen zwei Trompeter ein kurzes Motiv aus einem in der jeweiligen Heimatlandschaft verwurzelten Volkslied.

Nach dem Aufruf für die letzte Heimatlandschaft ertönt wieder die Prinz-Eugen-Fanfare.

10 Uhr 45   Der ungefähr 500 Mann starke Chor, der aus verschiedenen Singgruppen der SL gebildet ist, singt sodann die "Sudetendeutsche Hymne" von Lamatsch.

11 Uhr   Eröffnung, Begrüßung und Bekenntnis der Sudetendeutschen zu Deutschland (entsprechend Detmolder Erklärung.)

11 Uhr 05   Sodann tritt Lm. Pozorny an Mikrophon und spricht die 3 Strophen von Wilhelm Pleyers "An Deutschland !"
(Seite 26 aus dem Gedichtband "Dennoch !"
"Deutschland, Deutschland, über alles, über alles sei geliebt !")
Hierauf erkllingt das Deutschlandlied.

HERZLICH WILLK
Sudetendeu

EN ZUM
hen Tag!

← Zehn Jahre nach der Vertreibung stellt sich 1955 die Sudetendeutsche Landsmannschaft als Opfer des Krieges dar. An der Zeppelintribüne wird der Schriftzug „Soldiers' Field" mit abwaschbarer Farbe übermalt. Der Mittelbau ist mit den Wappen und Abzeichen der Sudetendeutschen dekoriert.
Nachkolorierte Fotografie aus einer Illustrierten, Bayerisches Hauptstaatsarchiv München, 1955.

Ein Transparent mit „blühendem Hammer" und aufgehender Sonne vor den Pfeilerreihen der Zeppelintribüne bildet den Hintergrund der Maifeier 1947 „für Frieden und Freiheit".
Nürnberger Nachrichten, 1947.

„Ihre Bauten sind tot – überwindet ihren Geist!" – unter diesem Motto treffen sich Gewerkschafter aus Deutschland, Österreich und Frankreich im Juni 1962 zu einem Pfingstlager auf dem Platz vor der Kongresshalle.
Deutsche Presse Agentur, 1962.

Die Inszenierung des Sudetendeutschen Tages 1955 ähnelt den Reichsparteitagen, vom Fahneneinmarsch bis zur Beflaggung der Türme.
Einmarsch der Sudetendeutschen Jugend, Bayerisches Hauptstaatsarchiv München, 1955.

Seit 2007 findet alle zwei Jahre ein „Friedenslauf" statt. Start und Ziel ist die mit einer Friedenstaube behängte Rednerkanzel der Zeppelintribüne.
Nürnberger Evangelisches Forum für den Frieden e. V., 2014.

Nürnbergs Zukunft am Dutzendteich?
„Ausstellungsrundbau"
1949 | 1952

„Auf die vergangene Trümmerperiode lässt der Lebenswille der so nüchternen Stadt gewesener mittelalterlicher Romantik einen neuen Zeitabschnitt folgen. Mit erstaunlichem Mut wählt sie als Hintergrund für die Offenbarung unserer Sorgen, Hoffnungen und Möglichkeiten die überflüssige, halbfertige Fassade der cäsarischen Kongresshalle."
Die Zeit, 1949.

1949 Deutsche Bauausstellung | 1950 Ausstellung zum Stadtjubiläum
„900 Jahre Nürnberg" | 1950 Erste Süddeutsche Hotelfachschau |
1952 Ende des Ausstellungsbetriebs nach Errichtung des Messegeländes
am Berliner Platz

„Nürnbergs Zukunft liegt am Dutzendteich" – die Schlagzeile der Nürnberger Zeitung drückt Hoffnungen aus, die man 1949 an den Ausstellungsbetrieb in der Kongresshalle knüpft. Die Deutsche Bauausstellung 1949 mit ihrem immensen Aufwand und Erfolg deutet großes Potential an. Voraussetzung für diese Nutzung ist allerdings ein Ausblenden der nationalsozialistischen Vergangenheit des Gebäudes, das nun offiziell „Ausstellungsrundbau" heißt.

Nicht ganz an den Erfolg von 1949 anknüpfen kann die Jubiläumsausstellung „900 Jahre Nürnberg" – eine historische Ausstellung ohne Erwähnung der Rolle Nürnbergs im „Dritten Reich" ausgerechnet in der ehemaligen Kongresshalle der Nationalsozialisten. Mit dem Bau des Messegeländes am Berliner Platz 1952/53 endet die Nutzung der Kongresshalle als Ort für Messen und Ausstellungen. Der „Ausstellungsrundbau" genügt gewachsenen Ansprüchen nicht mehr.

→
Bei der Deutschen Bauausstellung 1949 präsentiert sich Nürnberg als Kriegsopfer: Ein Panorama zeigt den zerstörten Hauptmarkt. Eine Glaspyramide über einem Modell der Lorenzkirche veranschaulicht die Schuttmenge in Nürnberg. Sie ist höher als das Vergleichsmodell Cheops-Pyramide.
Ausstellungsraum in der Kongresshalle, Stadtarchiv Nürnberg, 1949.

DIE SCHRECKENSNACHT NÜRNBERGS AM 2. JANUAR 1945

deutsche bau ausstellung
nürnberg 1949 1.-18. september

eine ausstellung, die zu besuchen sich lohnt
ausstellungsgelände am dutzendteich · täglich geöffnet von 10-20 uhr

← Das Plakat der Deutschen Bauausstellung nimmt die offizielle Begrifflichkeit „Ausstellungsgelände am Dutzendteich" auf.
Plakat mit Grafik von Hugo Hymmen, Stadtarchiv Nürnberg, 1949.

Die Verband der Granitindustrie wirbt 1949 mit dem Slogan „Stein für die Ewigkeit" – in einem Ambiente, das die Nationalsozialisten mit der gleichen Botschaft errichtet hatten.
Ausstellung im Arkadengang der Kongresshalle, Dokumentationszentrum Reichsparteitagsgelände, 1949.

Für den Messebetrieb im Ausstellungsrundbau werden in den oberen Stockwerken der Kongresshalle Fenster eingebaut und die Wände weiß gestrichen.
Gaststättenfachschau, Umgang der Kongresshalle, AFAG Messen und Ausstellungen, 1950.

Joachim „Blacky" Fuchsberger beginnt seine Karriere als Moderator des Ausstellungsrundfunks bei der Deutschen Bauausstellung 1949.
Fuchsberger beim Interview mit Oberbürgermeister Ziebill, AFAG Messen und Ausstellungen, 1949.

Für die Deutsche Bauausstellung entstehen verschiedene Postkartenserien, die vor allem das Außengelände zeigen.
Postkarte zur Deutschen Bauausstellung, Bestand Uwe von Poblocki, 1949.

Der Führer durch die Deutsche Bauausstellung präsentiert in kompakter Form das Ausstellungskonzept und soll dazu beitragen, „unserer Stadt wieder den alten guten Namen zu schaffen" – so Oberbürgermeister Ziebill im Vorwort.
Ausstellungsführer mit Titelgrafik von Stephan Auer, Dokumentationszentrum Reichsparteitagsgelände, 1949.

Die Forderung der Deutschen Bauausstellung 1949 „Wir müssen bauen!" unterstützt der Ausstellungskatalog mit vielen praktischen Hinweisen. Der Blick richtet sich nach vorn, eine Auseinandersetzung mit der Vergangenheit erscheint zweitrangig.
Ausstellungskatalog mit Titelgrafik von Ernst Erbe, Dokumentationszentrum Reichsparteitagsgelände, 1949.

Die Nürnberg-Messe kehrt 1974 auf das Areal des Reichsparteitagsgeländes zurück – ein wichtiges Stück Zukunft liegt damit doch am Dutzendteich – und trifft heute wieder auf räumliche Grenzen.
Messegelände im Süden des Reichsparteitagsgeländes, NürnbergMesse, 2014.

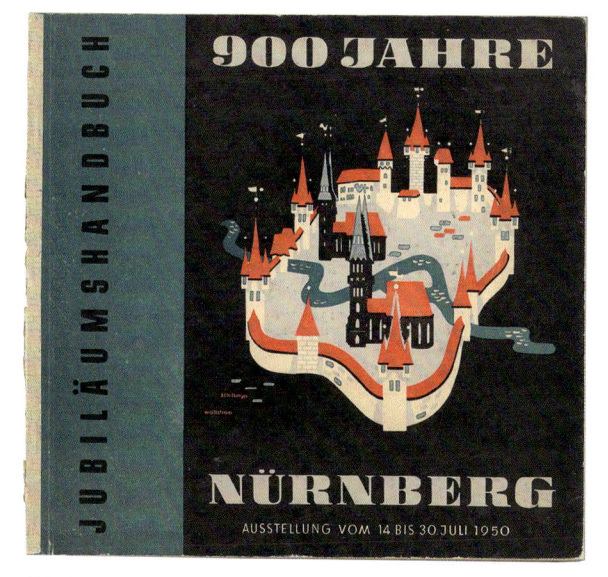

Die Ausstellung „900 Jahre Nürnberg" stellt Nürnbergs große Zeit im Mittelalter besonders heraus und würdigt die Arbeiterbewegung sowie „die Nürnbergerin" in einer Sonderschau. Der Nationalsozialismus kommt nicht vor.
Jubiläumshandbuch „900 Jahre Nürnberg" mit Titelgrafik von Heinz Schillinger, Dokumentationszentrum Reichsparteitagsgelände, 1950.

„Mit der Kongresshalle weiterleben …"

Nutzung als Lagerhalle
1955 | 2015

„Ob es ein Überbleibsel aus dem Dritten Reich ist, ist unwichtig. […] Man kann die Kongresshalle nicht einfach abreißen. Kein Bürger kann begreifen, warum sie nicht schon besser gesichert worden ist. Nutzen wir die Chance, sorgen wir für anständige Verhältnisse. Ein höheres Mietaufkommen ist uns gewiss!"
Stadtrat Albert Bleistein (SPD) in einer Debatte um die Kongresshalle, 1969.

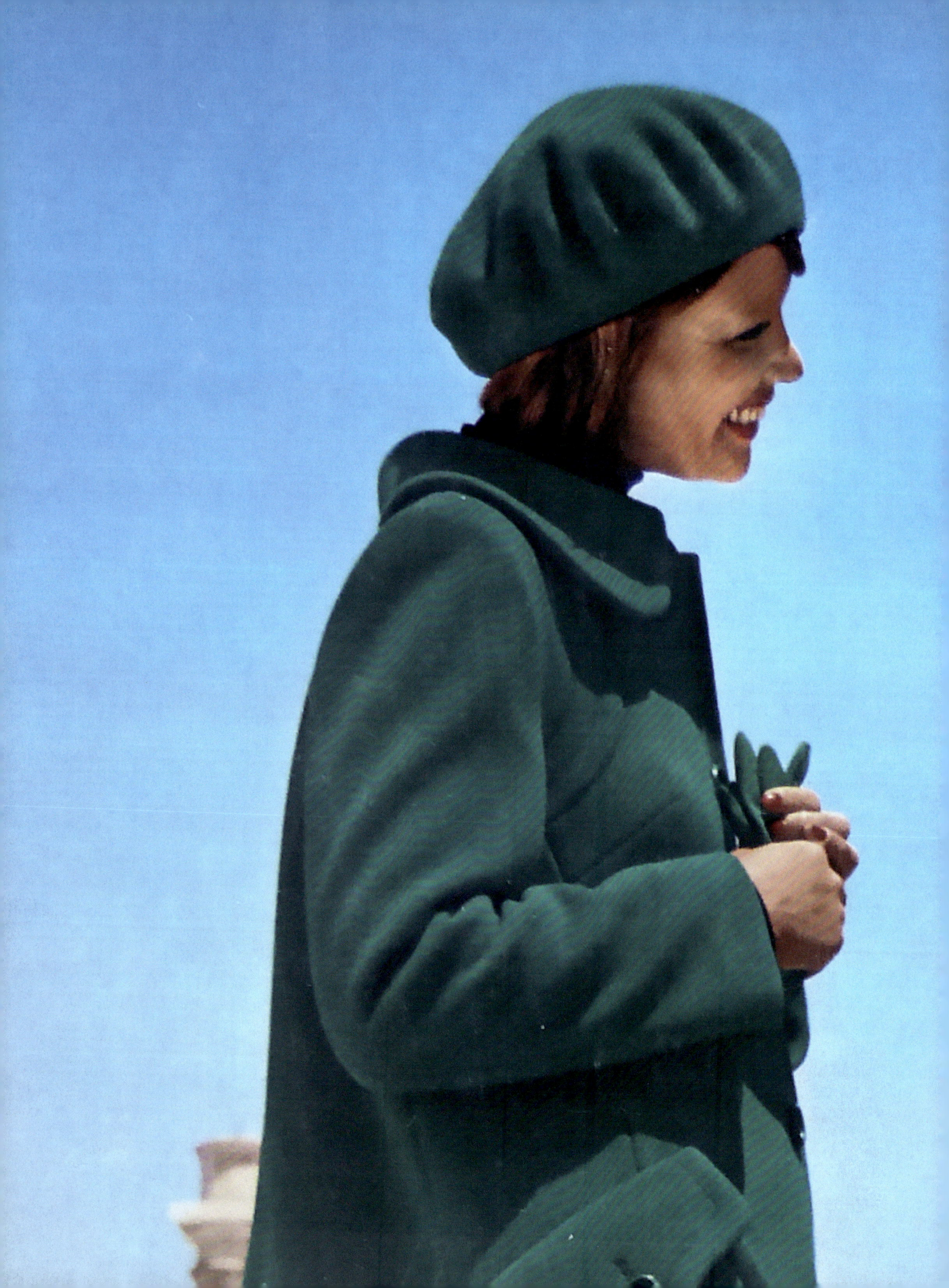

Herb[st]
Wint[er]
'72/[73]

1950er Jahre Lager für Fahrradfabrik Hercules | 1972–2006 Lager des Versandhauses Quelle für Sperrgut | seit den 1950er Jahren Lager für zahlreiche Vereine, Firmen und die Stadt Nürnberg

Nach dem Ende der großen Ausstellungsprojekte 1949/50 stellt sich über Jahrzehnte hinweg die Frage, was mit der unvollendeten Kongresshalle geschehen soll. Neben verschiedenen kleineren Vereinen und Institutionen nutzt zunächst die Hercules-Fahrradfabrik den Rohbau als Lager. Allerdings behindern eindringendes Wasser und Lücken im Gemäuer eine sichere Lagerhaltung, so dass Stadtrat Rolf Langenberger (SPD) ernsthaft fragt: „Was soll man mit diesem Mist noch anfangen?"

Die Stadt entschließt sich 1969 zu einer Millioneninvestition für ein neues Dach auf dem gesamten Gebäude sowie einen Lastenaufzug. Ab 1972 wird das Versandhaus Quelle als Großmieter für 400.000 DM im Jahr gewonnen. So holt man, wie die Nürnberger Nachrichten titeln, „Geld aus dem Torso" und kann „mit der Kongresshalle weiterleben".

← Wintermode aus dem Quellekatalog
Germanisches Nationalmuseum Nürnberg, 1972.

Für sein Kunstprojekt „Architektonische Nachhut. Hinterlassenschaften des Nationalsozialismus" fotografiert Ralf Meyer (Hamburg) 2001 auch Teile des Quelle-Lagers Kongresshalle.
Transportband im Arkadengang der Kongresshalle, Fotografie von Ralf Meyer, Dokumentationszentrum Reichsparteitagsgelände, 2001.

„Das Buch, auf das Millionen warten", schreibt eine Unternehmensgeschichte 1970 – tatsächlich werden vom Quelle-Hauptkatalog noch 1999 rund acht Millionen Exemplare versandt. 2009 erscheint die letzte „Bibel des Wirtschaftswunders", nicht nur SPIEGEL ONLINE nimmt „Abschied vom Quelle-Katalog".
Titel des Quelle-Katalogs, Herbst/Winter 1990/91, Germanisches Nationalmuseum Nürnberg, 1990.

Für das Versandhaus Quelle wird eigens in der Mitte des Halbrundes der Kongresshalle eine Laderampe samt Lastenaufzug angelegt.
Hinweisschild für Quelle-Lieferanten, Dokumentationszentrum Reichsparteitagsgelände, um 1980.

Bis heute dient die Kongresshalle als Lagerfläche, zum Beispiel für den Kanuverein Nürnberg.
Lager des Kanuvereins, Dokumentationszentrum Reichsparteitagsgelände/Stefan Meyer, 2014.

„Brauchen Sie eine Kongresshalle?"
Planungen für Stadion und Einkaufscenter
1955 | 1987

„… Brauchen Sie zufällig eine Kongresshalle? Wenig, nein, überhaupt nicht gebraucht, beste Lage, ‚unerhört stabile Ausführung', markant wie ein Felsklotz. Sie brauchen keine? Schade, die Stadt hätte mit sich reden lassen. […] Allerdings an einen Ausbau dürften Sie wohl nicht denken. Die Gesamtkosten dafür sind auf eine runde Milliarde DM geschätzt.
Auch abbrechen dürften Sie das imposante, geschichtsträchtige Bauwerk nicht, selbst wenn sie 15 Millionen DM dafür aufbringen könnten. Der Stadtrat will es künftigen Generationen erhalten. […] Eine Kongresshalle zum ersten, zum zweiten, zum dritten …"
Glosse in den Nürnberger Nachrichten, 1969.

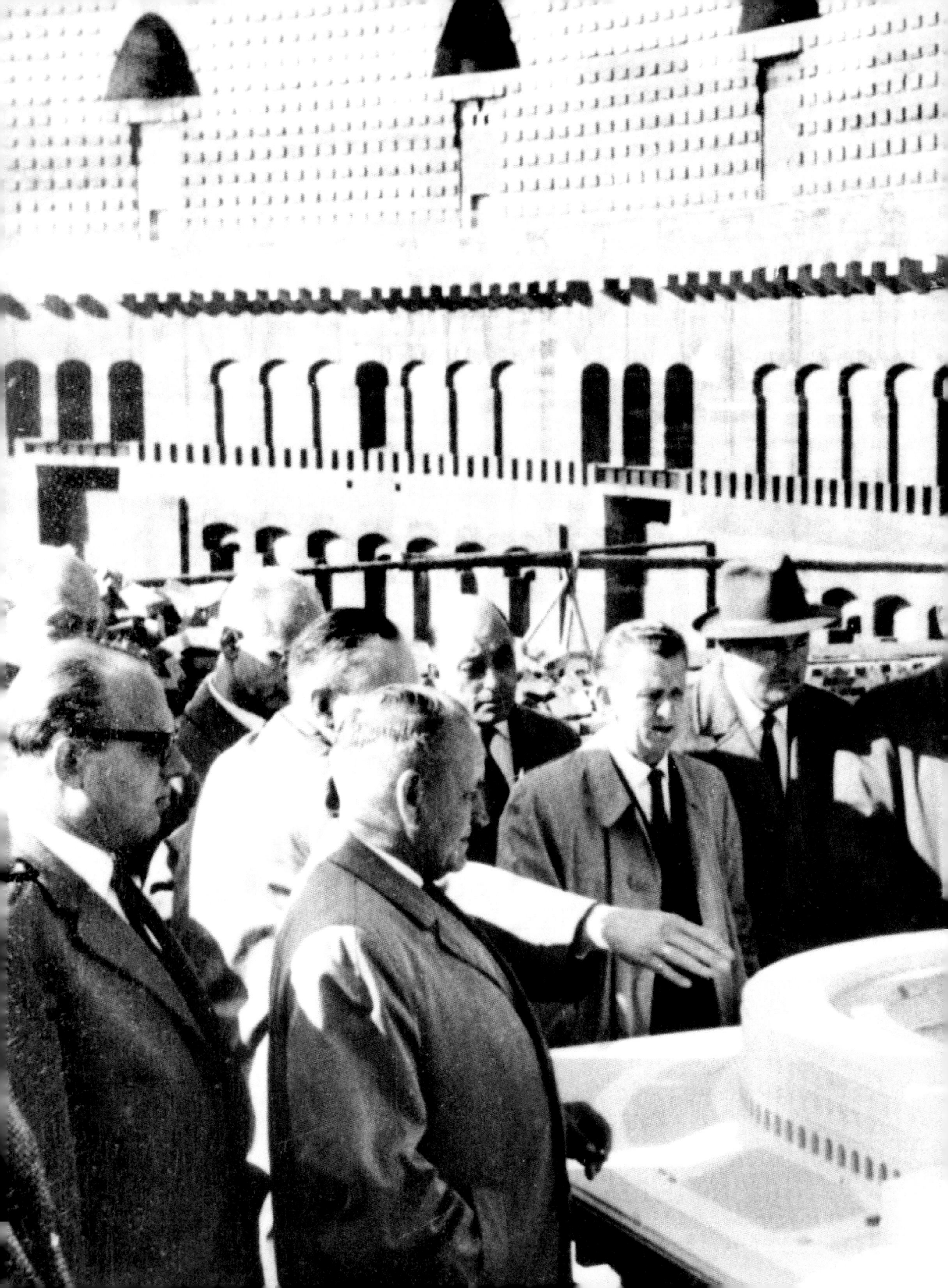

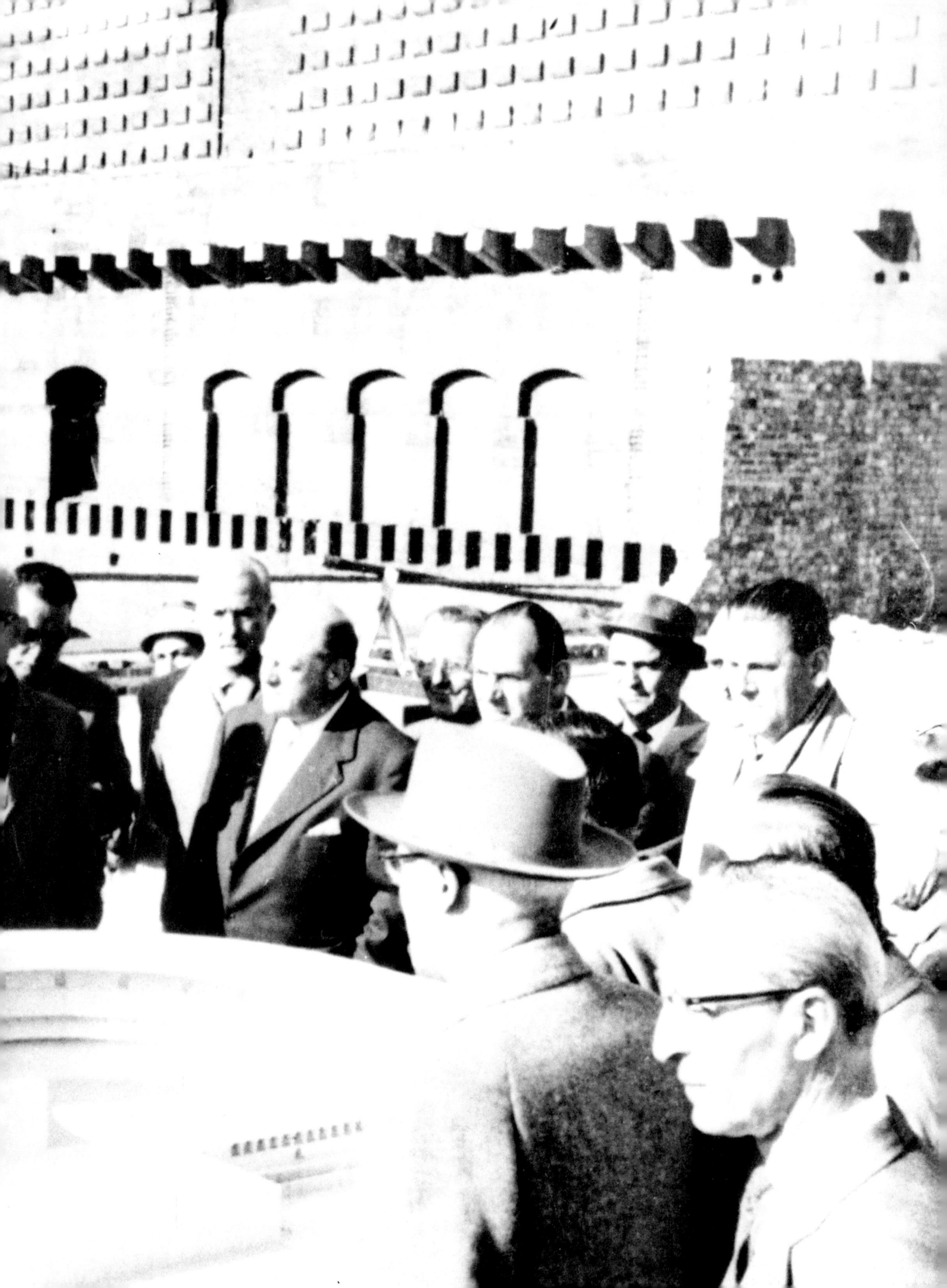

1955 Denkschrift Hochbauamt mit Stadionplänen | 1960er Jahre
Weiterführung der Stadionplanungen | 1987 Planung eines Einkaufscenters

Die Baumasse der Kongresshalle und damit die in den Rohbau geflossenen Finanzmittel sinnvoll zu nutzen, ist Hauptanliegen der Stadtverwaltung ab den 1950er Jahren. Mehr als ein Jahrzehnt wird der Plan verfolgt, ein Stadion einzubauen und die beiden Kopfbauten kulturell zu bespielen. Das Stadionprojekt scheitert letztlich an den Kosten. In den südlichen Kopfbau zieht, wie geplant, 1962 das Fränkische Landesorchester ein.

Der Plan einer großen Lösung bleibt bis in jüngste Zeit virulent: 1987 möchte eine Investorengruppe im Torso Kongresshalle ein edles Einkaufscenter einrichten. Selbst der Gedanke einer Überdachung kehrt Ende der 1980er Jahre in Rahmen der (gescheiterten) Planung für eine Bundesgartenschau wieder. Die Kongresshalle soll mit Glasdach zur „Ökopolis" oder „Plantopolis" umgebaut werden.

←
1959 scheinen die Pläne für ein Stadion schon ganz konkret – der Stadtrat studiert vor Ort ein Baumodell.
Ortstermin auf dem Dach des nördlichen Kopfbaus der Kongresshalle, Nürnberger Nachrichten, 1959.

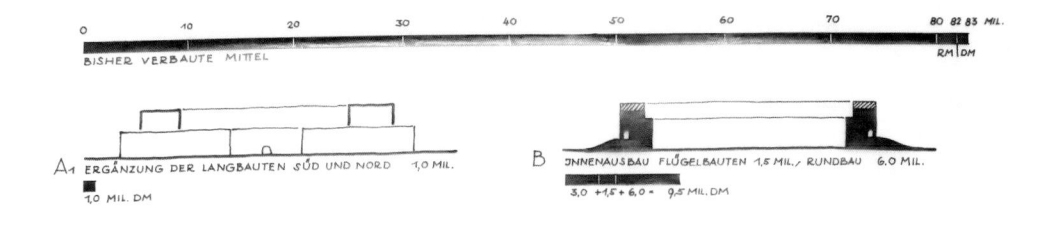

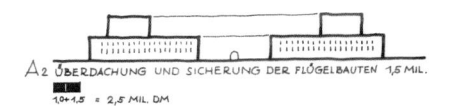

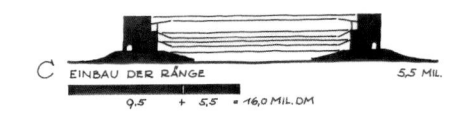

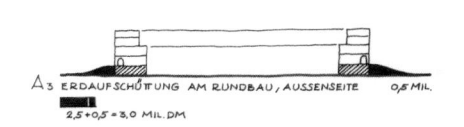

Ein wichtiges Argument für den Ausbau ist der enorme Betrag von 82 Millionen Reichsmark „bisher" (also bis 1945) verbauter Mittel. Das Hochbauamt schlägt deshalb verschiedene Ausbaustufen bis hin zu einer „Überdachung des Innenraums" für 22 Millionen DM vor.
Darstellung verschiedener Ausbaustufen samt Kosten, Hochbauamt der Stadt Nürnberg, 1958.

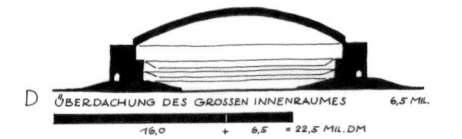

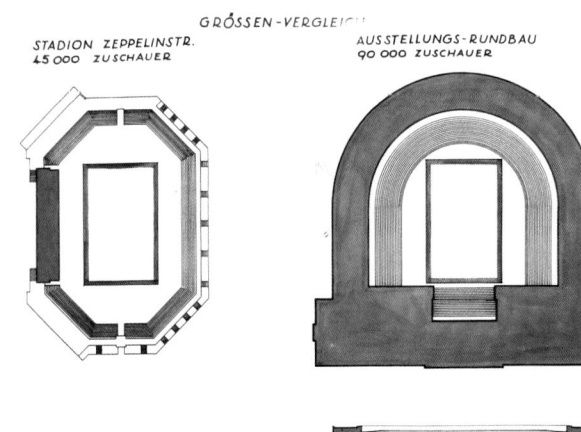

Stadion Zeppelinstraße planmäßige Plätze:

    2 500 *Sitzplätze*

    38 500 *Stehplätze*

    41 000 *Zuschauer*

    davon rund 3 500 überdacht

    Höchstbelegung 10 % mehr

    45 000 Zuschauer

Ausstellungsrundbau planmäßige Plätze:

    22 000 *Sitzplätze*

    60 000 *Stehplätze*

    82 000 *Zuschauer*

    davon rund 49 000 überdacht

    Höchstbelegung 10 % mehr

    90 000 Zuschauer

Das Großprojekt bringt die Verantwortlichen fast zum Schwärmen: Man denkt an Sängerfeste, Sudetendeutsche Tage, Gottesdienste der Zeugen Jehovas und vor allem an große Fußballspiele des 1. FCN und der Nationalmannschaft.
Grafik aus der Broschüre „Vorschläge über Verwendungsmöglichkeiten der ehemaligen Kongresshalle" des Hauptamts für Hochbauwesen, Dokumentationszentrum Reichsparteitagsgelände, 1958.

69

Seite 9 / 5./6. Mai 1962 N **STADT NÜRNBERG**

Noch nie ist der Ruf nach einem Großstadion in Nürnberg lauter erklungen als heute...

...ABER WER SOLL DAS BEZAHLEN?

Der Ausbau der Kongreßhalle zu einer Fußball-Arena kostet an die 30 Millionen Mark — Die entscheidende Frage bleibt, ob sich die Stadt dieses Projekt leisten kann — Einsichtige Bürger erinnern an die vielen lebenswichtigen Aufgaben — Ein „ausverkauftes Haus" bringt nur etwa 7500 Mark Miete ein

EIN STADION ZUM ZUSCHAUEN: so sieht die Kongreßhalle als Fußballarena aus. Auf den Rängen um das Spielfeld — das Hochbauamt hat sie in dieses Bild maßstabgetreu eingezeichnet — finden 70 000 Menschen Platz. Ob solche Zuschauermassen noch zu den Spielen kommen, wenn das Großstadion einmal fertig ist? Luftbild: Bischof & Broel

Die Nürnberger Nachrichten stellen die Frage, ob die Stadt sich das Stadionprojekt in der Kongresshalle leisten kann. Der Stadtrat entscheidet sich für den kostengünstigeren Ausbau des vorhandenen Städtischen Stadions.
Nürnberger Nachrichten, 1962.

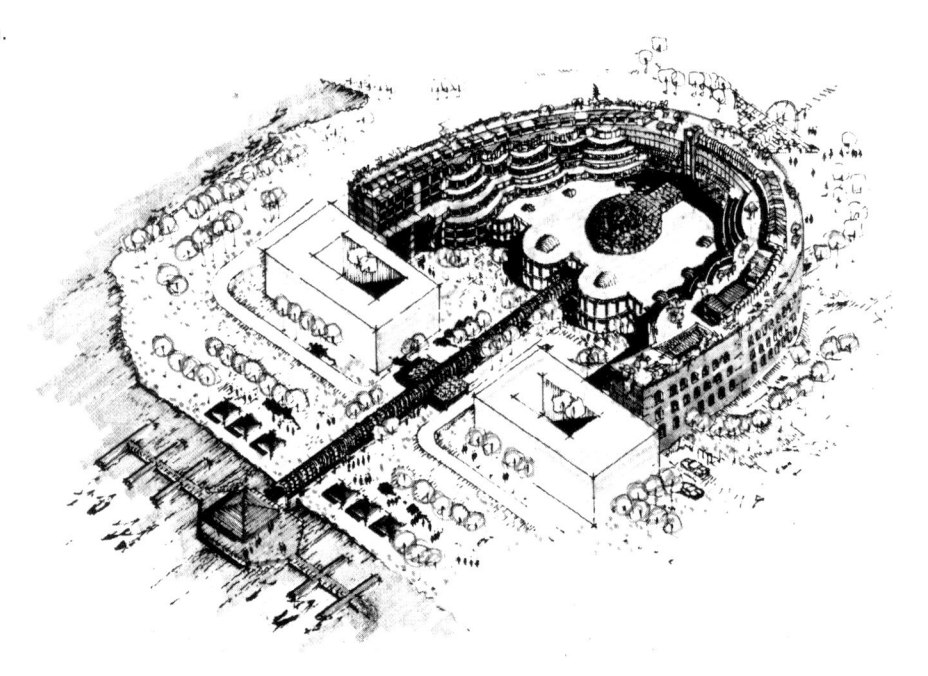

Die Investorengruppe Congress und Partner möchte den Innenhof vollständig für eine kommerzielle Nutzung verwerten, die Granitfassade dient als repräsentatives Äußeres.
Skizze Congress und Partner, Dokumentationszentrum Reichsparteitagsgelände, 1987.

Hohe Zielsetzung: Die vollkommene Integration aller Nutzungskomponenten — und deren wechselseitige Befruchtung

Leitsätze: Das Geld der Welt nach Nürnberg
Der Nürnberger fährt nicht mehr nach München zum Einkaufen — der Münchner kommt nach Nürnberg

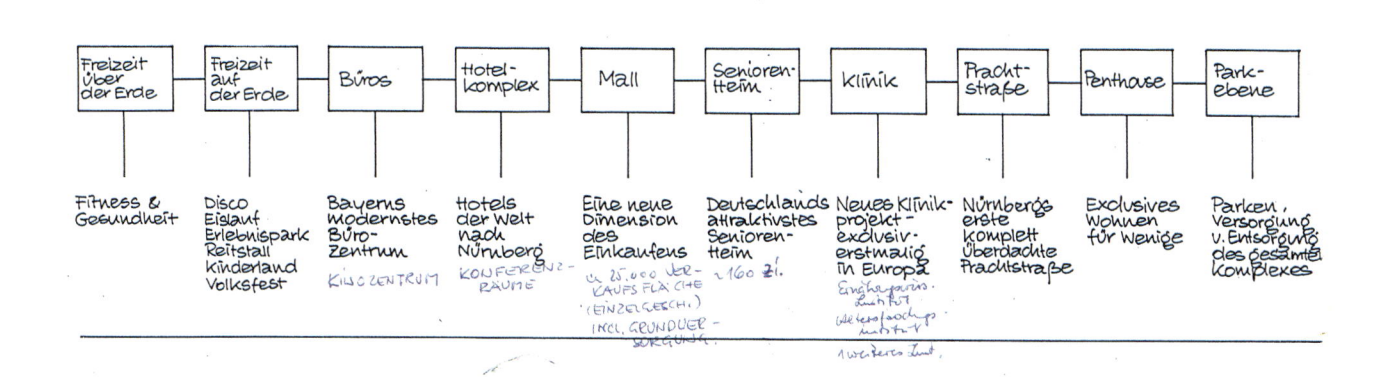

Freizeit über der Erde	Freizeit auf der Erde	Büros	Hotel-komplex	Mall	Senioren-heim	Klinik	Pracht-straße	Penthouse	Park-ebene
Fitness & Gesundheit	Disco Eislauf Erlebnispark Reitstall Kinderland Volksfest	Bayerns modernstes Büro-Zentrum KINOZENTRUM	Hotels der Welt nach Nürnberg KONFERENZ-RÄUME	Eine neue Dimension des Einkaufens ca. 25.000 VER-KAUFSFLÄCHE (EINZELGESCH.) INCL. GRUNDVER-SORGUNG	Deutschlands attraktivstes Senioren-heim ca. 160 Zi.	Neues Klinik-projekt - exclusiv - erstmalig in Europa Einzelzimmer...	Nürnbergs erste komplett überdachte Prachtstraße	Exclusives Wohnen für Wenige	Parken, Versorgung u. Entsorgung des gesamten Komplexes

Congress und Partner planen nicht nur ein Einkaufscenter, sondern zahlreiche weitere Nutzungen wie einen Swimming-Pool auf dem Dach der Kongresshalle.
Nutzungskonzept Congress und Partner, Dokumentationszentrum Reichsparteitagsgelände, 1987.

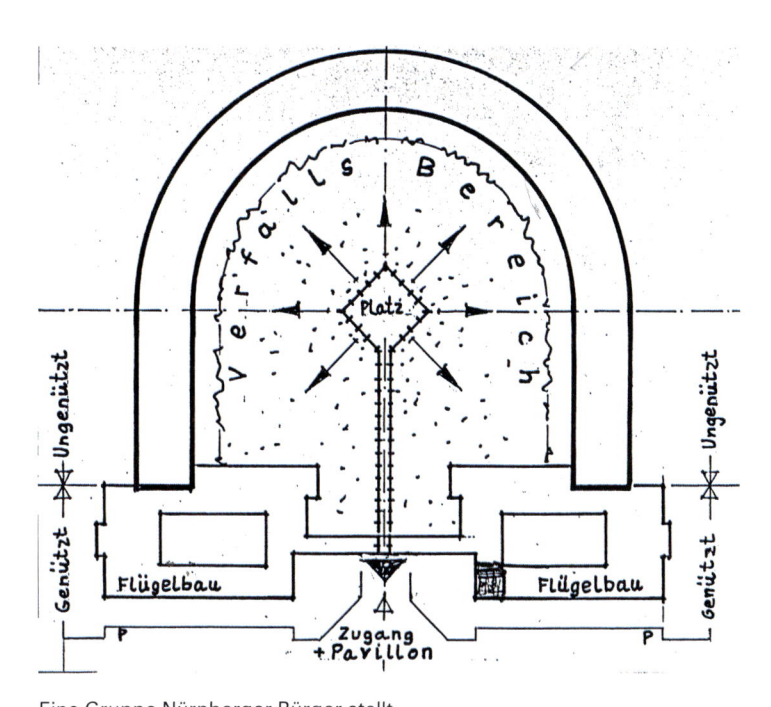

Eine Gruppe Nürnberger Bürger stellt als Reaktion auf die Planung von Congress und Partner den Antrag, den Torso als „verfallendes Mahnmal" der NS-Zeit zu erhalten und zugänglich zu machen.
Entwurfszeichnung des Architekten Konrad Biller, Dokumentationszentrum Reichsparteitagsgelände, 1987.

Experimentierfeld der Moderne

Langwasser
1945 | 1957 | 2015

„Und plötzlich begreife ich: dieses Langwasser ist ‚mein' Langwasser. Hier habe ich vor fast dreißig Jahren gewohnt. Hier standen keine Hochhäuser, sondern Baracken."
Natascha Wodin: Die gläserne Stadt, 1983.

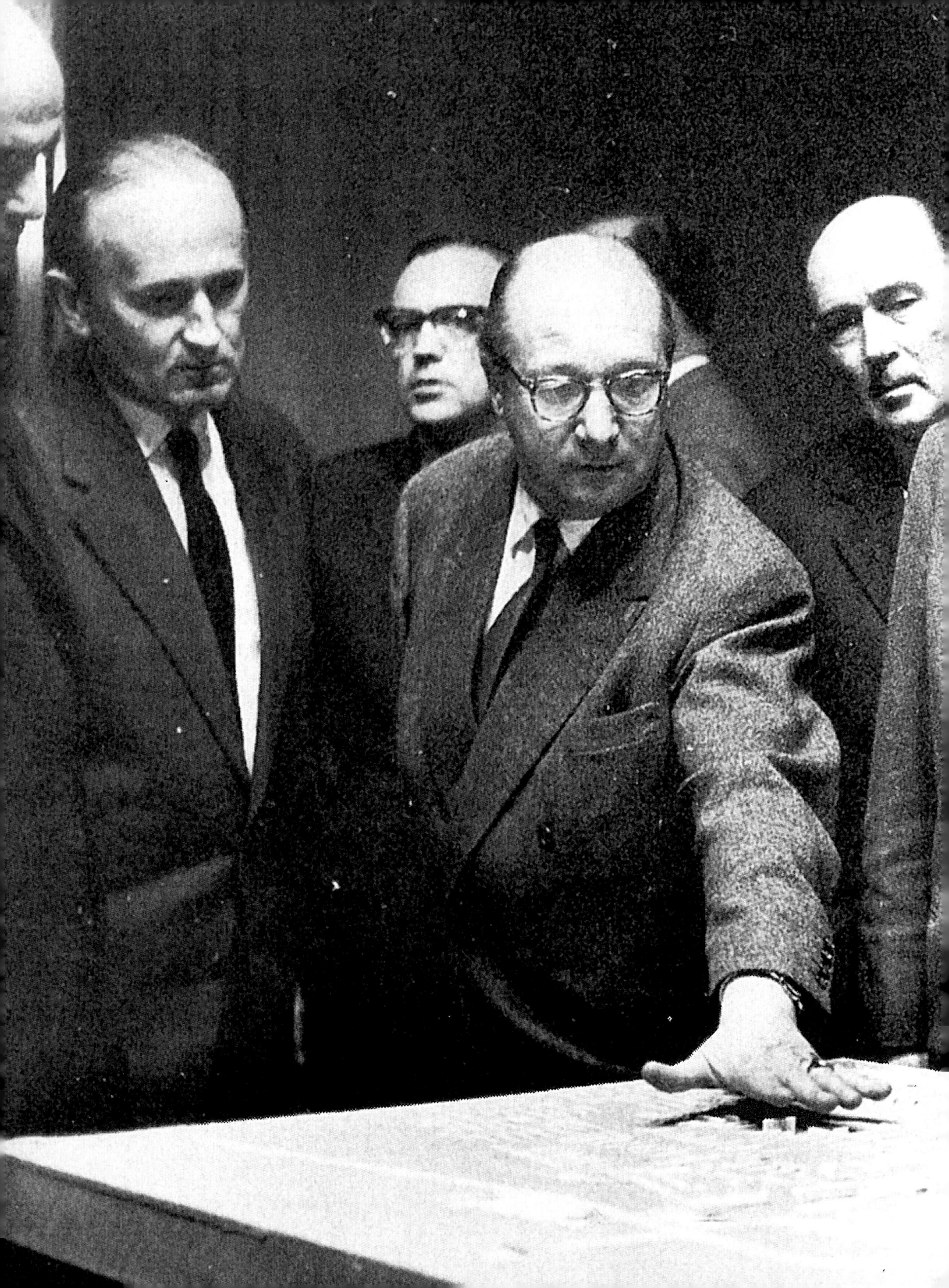

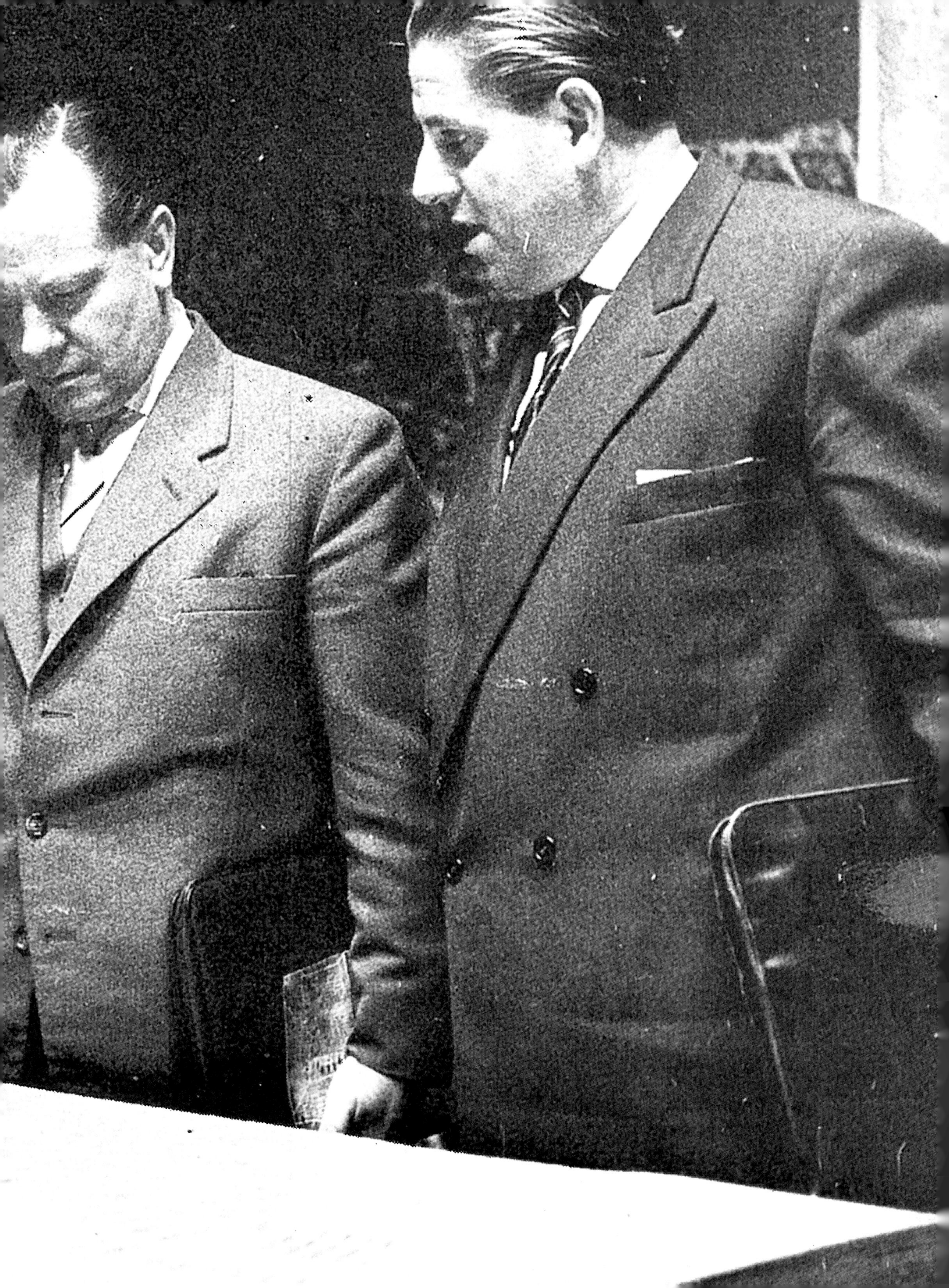

1945–1960 Internierungs- und Flüchtlingslager | ab 1948 Bauen gegen die Wohnungsnot | 1956/57 städtebaulicher Realisierungswettbewerb und Grundsteinlegung für Trabantenstadt Langwasser | 1966/67 Sprengung der Märzfeldtürme | 2008 Gründung der Geschichtswerkstatt Langwasser

Nach Kriegsende werden die Teile des Reichsparteitagsgeländes, auf denen heute der Stadtteil Langwasser steht – Märzfeld und Teilnehmerlager –, zunächst als Internierungs- und Flüchtlingslager weitergenutzt. Schnell wird das große Areal als Lösungsmöglichkeit für die akute Wohnungsnot erkannt. Anfang der 1950er Jahre beginnen die Planungen für eine neue Trabantenstadt.

Gemarkung Märzfeld und Umgebung heißen jetzt offiziell Langwasser. Nach städtebaulichem Wettbewerb 1956 und Grundsteinlegung ein Jahr später werden die ersten Bauvorhaben realisiert. Parallel zum Abzug der US-Army vom Märzfeld-Areal werden 1966 und 1967 die Märzfeldtürme als „unüberwindliches Hindernis" gesprengt. Im heutigen Stadtteil Langwasser leben rund 35.000 Menschen.

←
Architekt Franz Reichel (4. von rechts) präsentiert Oberbürgermeister Urschlechter, Bundesbauminister Lücke und Baureferent Schmeißner sein Baumodell von Langwasser.
Wohnungsbaugesellschaft der Stadt Nürnberg (wbg), 1958.

Als erstes autofreies Wohngebiet wird Langwasser P in ganz Deutschland bekannt.
Wohnungsbaugesellschaft der Stadt Nürnberg (wbg), 1987.

„Die Türme auf dem Märzfeld im ehemaligen Reichsparteitagsgelände stehen fest wie deutsche Eichen", kommentiert die Zeitung die Sprengung der Märzfeldtürme, die sich als ungeahnt widerstandsfähig erweisen – WBG-Prokurist Andreas Burgis fällt „mit jedem Turm [...] ein Stein vom Herzen".
Sprengung der Märzfeldtürme, Nürnberger Nachrichten, 1966.

Schon 1947 bringt dieser Beitrag eines Ideenwettbewerbs konkrete Planungen für eine „Siedlung Langwasser" und „Siedlung Märzfeld" zur Papier, mit folgender Unterschrift: „Nicht Bomben zum Vernichten – Häuser zum Wiederaufbau".
Beitrag zu „Tausend Gedanken für den Wiederaufbau und Neubau der Stadt Nürnberg", Stadtarchiv Nürnberg, 1947.

Im Mai 1956 setzt sich der Entwurf des
Nürnberger Architekten Franz Reichel und
des Gartenbauarchitekten Hermann Thiele
im städtebaulichen Wettbewerb durch.
Ursprungsmodell des städtebaulichen Realisierungswettbewerbes für Langwasser, Wohnungsbaugesellschaft Nürnberg (wbg), 1956.

Nach und nach nimmt die neue Stadt das Märzfeld (oben rechts) und das Lagerareal ein. Nur die Straßenführung bleibt teilweise erhalten.
Langwasser von Südosten, Wohnungsbaugesellschaft der Stadt Nürnberg (wbg), 1965.

Langwasser gehört zu den größten und innovativsten Stadterweiterungen Deutschlands. Der „Stadtteil im Grünen" mit 35.000 Bewohnern ist in Nachbarschaften gegliedert und hat sich ohne Bezug zu den Baurelikten der NS-Zeit entwickelt.
Langwasser von Süden, Hajo Dietz, 2005.

„Brutalität in Stein"
Neues Denken 1961

„Alle Bauwerke, die uns die Geschichte hinterlassen hat, zeugen vom Geist ihrer Erbauer auch dann noch, wenn sie längst nicht mehr ihren ursprünglichen Zwecken dienen. Die verlassenen Bauten der nationalsozialistischen Partei lassen als steinerne Zeugen die Erinnerung an jene Epoche lebendig werden, die in der furchtbarsten Katastrophe der deutschen Geschichte mündete."
Vorspann zum Film „Brutalität in Stein" von Alexander Kluge und Peter Schamoni, 1961.

1960 Dreharbeiten zu „Brutalität in Stein" in Nürnberg und München | 8. Februar 1961 Uraufführung auf den Oberhausener Filmtagen (Auszeichnung) | 2007 Film erscheint auf DVD

Alexander Kluges Film „Brutalität in Stein" ist ein Statement gegen die ideologische Botschaft nationalsozialistischer Architektur. Die Bauten des Reichsparteitagsgeländes werden als „steinerne Zeugen" nationalsozialistischer Selbstdarstellung gesehen, der Film seziert die Architektur mit harten Schnitten und einer avantgardistischen Kameraführung. Die Tonspur mit Zitaten u. a. von Rudolf Höß, dem Kommandanten des KZ Auschwitz, stellt eine Verbindung zu den Verbrechen des Nationalsozialismus her.

Der gemeinsam mit Regisseur Peter Schamoni entstandene Film zeugt in den frühen 1960er Jahren von einem neuen Nachdenken über die Bauten des Nationalsozialismus. Rein pragmatische, die Geschichte ausblendende Nutzungen, aber auch die Existenz von NS-Architektur im Stadtbild selbst erscheinen in dieser Perspektive erstmals problematisch.

→
Eigens verlegte Gleise ermöglichen Kamerafahrten auf die Zeppelintribüne.
Schamoni Film & Medien München, 1960.

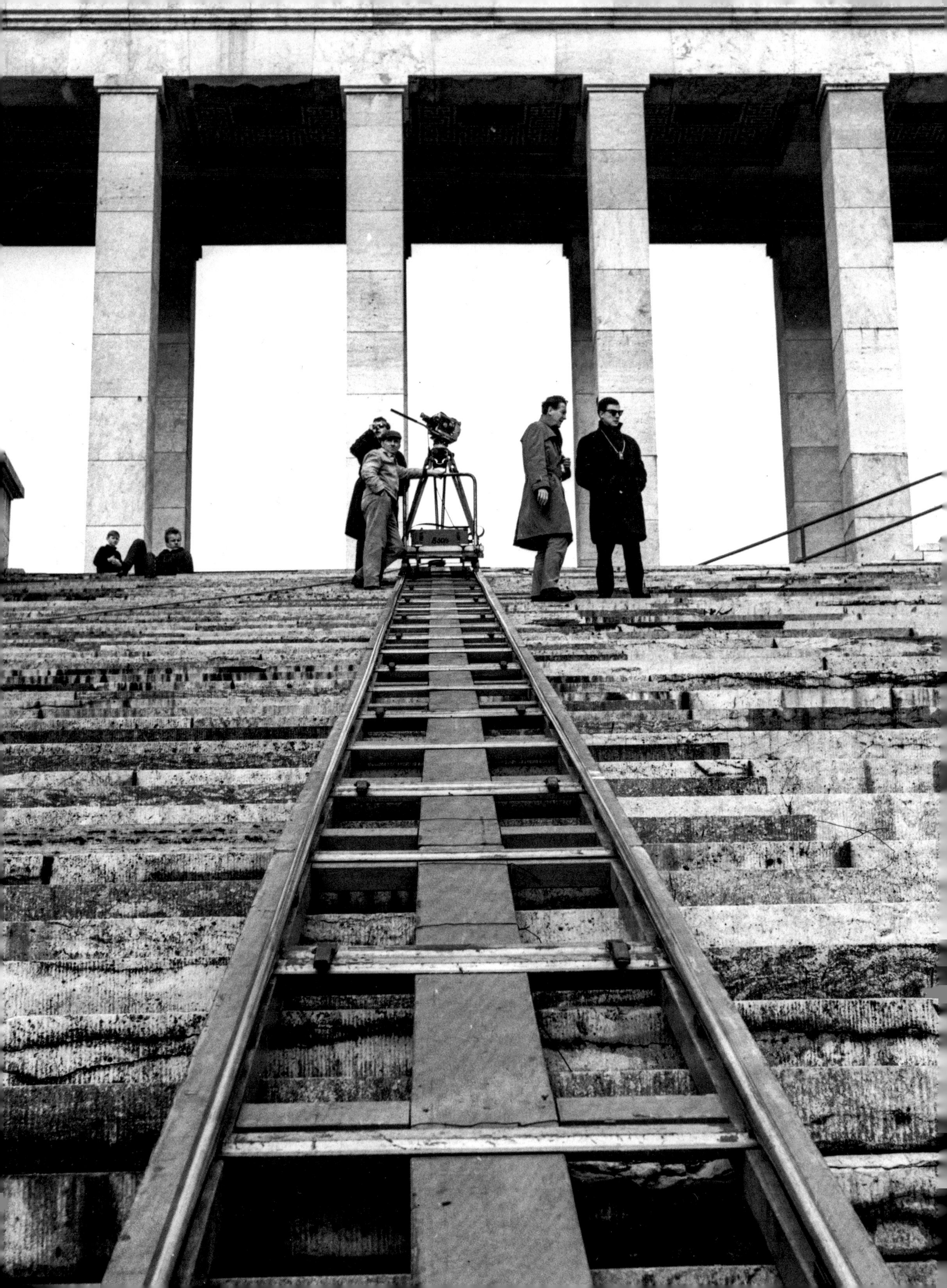

Das Filmteam diskutiert bei Dreharbeiten zu „Brutalität in Stein" auf den Stufen der Zeppelintribüne.
Schamoni Film & Medien München, 1960.

Dreharbeiten finden auch im nördlichen Kopfbau der Kongresshalle statt.
Schamoni Film & Medien München, 1960.

Peter Schamoni und Alexander Kluge
entwickeln eine Filmsequenz im
Arkadengang der Kongresshalle.
Schamoni Film & Medien München, 1960.

Peter Schamonis „Arbeitsbuch" hält mit
eingeklebten Fotos, schriftlichen Kommentaren und Angaben zu Filmschnitt und
Musik das Konzept für den Dokumentarfilm fest.
Arbeitsbuch von Peter Schamoni zum Film „Brutalität
in Stein", Schamoni Film & Medien München, 1960.

„Schöneres Nürnberg"
Abriss der Kongresshalle 1963

„Die dominierende Baumasse der Kongresshalle ist weder durch eine benachbarte Bebauung noch durch eine bloße Eingrünung zu bewältigen. [...] Die ganze Umgebung leidet an dieser Repräsentation einer größenwahnsinnigen Diktatur. Es kann und darf nicht Aufgabe demokratischer Einrichtungen sein, auch nur eine DM für ihren weiteren Bestand auszugeben ..."

Denkschrift „Schöneres Nürnberg" des Bundes deutscher Architekten, 1963.

Sommer 1963 Denkschrift „Schöneres Nürnberg" des Bunds deutscher
Architekten | In den folgenden Monaten Diskussion in Öffentlichkeit
und Politik, Livediskussion im Radio, Bildung einer Siebenerkommission
des Stadtrats | 1964 Diskussion bleibt weitgehend folgenlos

Der Bund deutscher Architekten (BdA) schlägt 1963 den Abriss
der Kongresshalle und die Beseitigung der Großen Straße vor.
Hintergrund ist ein neues Nachdenken über nationalsozialistische Architektur, die als gebauter Ausdruck des Nationalsozialismus im Stadtbild nicht mehr akzeptabel scheint. „Auch nur
über die weitere Verwendung der Kongresshalle nachzudenken",
was zeitgleich mit dem geplanten Großprojekt eines Stadions
in der Kongresshalle konkret geschieht, verbietet sich nach
Meinung der Gruppe des BdA.

Offiziell widersprechen mag dem niemand. Halbherzig
stimmt Hochbaureferent Heinz Schmeißner diesem Grundgedanken in einem Radiointerview zu, bezweifelt jedoch dessen
Realisierbarkeit angesichts hoher Kosten für einen Abriss.
Die öffentlichen Debatten und die Arbeit einer Kommission
aus sieben Mitgliedern des Stadtrats bleiben folgenlos.

Die Broschüre „Schöneres Nürnberg"
fordert eine moderne Stadtplanung und
ein grundsätzliches städtebauliches
Umdenken – nicht nur, was den Umgang
mit den Reichsparteitagsbauten betrifft.
Titelblatt der Broschüre des Bundes Deutscher
Architekten (BdA), Stadtarchiv Nürnberg, 1963.

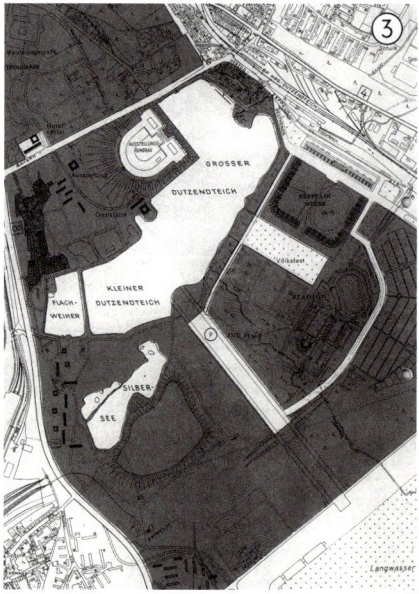

Die weitgehende Beseitigung der Großen
Straße soll den brutalen Eingriff der
Nationalsozialisten in die Landschaft
ein Stück weit rückgängig machen.
Das Zeppelinfeld ist, da von der US-Army
genutzt, nicht Teil der Überlegungen.
Planung des BdA für das Areal am Dutzendteich,
Stadtarchiv Nürnberg, 1963.

Die bekannte Nürnberger Fotografin Gertrud Gerardi montiert auf ein Foto der Kongresshalle einen spärlich bewaldeten Hügel, um ein „schöneres Nürnberg" ohne Kongresshalle zu visualisieren.
Originalfotografie und Fotomontage, Nürnberger Nachrichten, 1963.

„Pfeiler flogen in die Luft"
Zeppelintribüne 1967

„Risse in den Decken der Säulengalerie auf der großen Steintribüne am Zeppelinfeld bieten eine gute Gelegenheit, wieder ein Stück des Erbes nationalsozialistischer Vergangenheit niederreißen zu lassen."
Nürnberger Nachrichten, 1967.

1965 Forderung der Beseitigung von Hakenkreuzmäandern an der Zeppelintribüne – notfalls durch Sprengung | 25. April 1967 Dringlichkeitsanordnung des Oberbürgermeisters zur Sprengung wegen Baufälligkeit | 8. und 9. Juni 1967 Sprengungen

Am 8. und 9. Juni 1967 werden auf Anordnung von Oberbürgermeister Urschlechter die Säulengalerien der Zeppelintribüne gesprengt – wegen Baufälligkeit und Gefahr in Verzug.

Kein Ereignis nach 1945 ist derart umstritten wie dieser massive Eingriff in die Bausubstanz eines der bekanntesten Gebäude des Geländes. Kritische Leserbriefe, anonyme Drohungen gegen den Baureferenten und eine heftige Debatte im Stadtrat sind die Folge. Zu den aggressivsten Gegnern der Sprengung gehört die NPD im Stadtrat. Aber auch der Nürnberger Motorsportclub, die FDP und erhebliche Teile der Bevölkerung sehen – aus anderen Gründen – diese überfallartig wirkende Aktion skeptisch. Selbst innerhalb der Bauverwaltung ist die Frage der Baufälligkeit strittig. In der Öffentlichkeit entsteht der Eindruck, dass Probleme mit der Bausubstanz willkommener Anlass sind, unliebsame Relikte der NS-Zeit schnell loszuwerden.

Der israelische Student Yechiel Polak,
zu Gast in Nürnberg, fordert 1965
die Beseitigung der Hakenkreuzmäander
an der Decke der Pfeilergalerien.
Yechiel Polak (4. von rechts) im Gespräch mit Stadtrat Oscar Schneider, Nürnberger Nachrichten, 1965.

Das Mäandermuster ist ein klassisches
Motiv. Stadtrat Oscar Schneider und die
CSU sowie auch der Leiter der städtischen
Kunstsammlungen Wilhelm Schwemmer
wenden sich deshalb 1965 gegen eine
Beseitigung.
Deckenmosaik der Pfeilergalerie, Dokumentationszentrum Reichsparteitagsgelände, um 1965.

→
Der städtische Baurat Theo Kief bestreitet in einer persönlichen Notiz die
Baufälligkeit der Pfeilergalerien und vermutet andere Motive für die Sprengung.
Notiz Baurat Kief, Dokumentationszentrum
Reichsparteitagsgelände, 1967.

DIPL.-ING. THEO KIEF ARCHITEKT BAUDIREKTOR · CASTELLSTRASSE 103 · 90451 NÜRNBERG

TRIBÜNE am Zeppelinfeld in Nürnberg
erbaut in der NS-Zeit für Aufmärsche und Veranstaltungen.

Nachkriegsnutzung für Kulisse bei Motorsportveranstaltungen
und Zuschauermagnet.

Anmerkung und Erlebnisbericht
bei der Abbruchanordnung.

Es war der politische Wille der SPD und deren Oberbürgermeister Dr. Urschlechter, daß die Tribüne, wegen und dem bevorstehenden Besuch einer ersten Politikerdedelegation nach dem Krieg aus Israel, als antisemitisches Zeichen, gesprengt wird.

Baufachleute sollten die Baufälligkeit dieses Bauwerkes attestieren. Das Baureferat der Stadt Nürnberg wurde hiermit beauftragt. Stadtrat u. Baureferent Dr. Schmeißner suchte damals dafür 3 Beamte aus:
- Oberbaurat Clauß (Denkmalspfleger u. Bauunterhalt)
- Baurat Kief (Planungsleiter)
- Amtmann Scheidig (Bauausführung).

Nach eingehender Untersuchung vor Ort konnte festgestellt werden:
- Die Tribüne mit den Säulen sind aus Muschelkalkquadern, gleiches spezifisches Gewicht wie Granit, errichtet.
- In alle Lagerfugen ist eine Bleifolie flächendeckend eingelegt.
- Alle Steinquader sind in der Lagerfuge mit Bronzeanker verbunden. Die Ankerlöcher mit Blei ausgegossen.
- Wassereinbrüche sind nicht erkennbar.
- Die Natursteinböden und Stufen sind in einwandfreiem Zustand.
- Auch die Mosaiken an der Decke der Säulenhalle sind ohne Schaden.
- Das Bauwerk war, entgegen der politischen Meinung, nicht baufällig, sondern ohne jeglichen Bauunterhalt für Jahrhunderte Erhaltungsfähig.

Das Protokoll wurde vormittags dem Baureferenten übergeben der es sofort an den Oberbürgermeister weiterleitete.

Am gleichen Tag stand, durch den O.B. veranlaßt, in der Abendzeitung, daß ein Baufachgutachten des Baureferates Nürnberg, den Abbruch wegen "Baufälligkeit" empfohlen hätte. Diese ungeheuerliche Lüge zur "demokratischen" Öffentlichkeit ist dokumentierbar. Damals ein schwerer Schlag für die informierten Fachleute gegen unsere noch junge Demokratie.

Die erste Sprengung, von einer Firma, die Presse war zahlreich anwesend. Außer einiger Staubwolken aus den Sprenglöchern, bewegte sich der Bau keinen Millimeter. Erst mit der zweiten Sprengung durch Pioniere, war ein Teilerfolg sichtbar. Die herabfallende Stein richteten auf den Tribünenstufen großen Schaden an, der mit einem sechsstelligen Betrag repariert werden mußte.

THK

Die Sprengung erweist sich als schwierig.
Es muss mehrmals angesetzt werden.
Sprengung eines Teils der Pfeilergalerie, Nürnberger
Zeitung, 1967.

Nach der Sprengung werden 1973
auch die beiden Seitenpylonen abge-
tragen. Eine Beseitigung des Mittelteils und der Rednerkanzel ist geplant,
erfolgt jedoch nicht.
Presseabbildung zur Abtragung der Seitenpylonen,
Nürnberger Nachrichten, 1973.

→
Die Bauordnungsbehörde beantwortet
eine Anfrage der NPD wegen der
Sprengung mit einem detaillierten
Schadensbericht.
Stellungnahme der Bauordnungsbehörde,
Stadtarchiv Nürnberg, 1967.

Betreff: Gefahrdrohender Zustand an den Tribünenbauten (Säulenhalle) an der Zeppelinwiese.

Bezug: Anfrage Ref. VI vom 28.6.67 wegen Schreiben der Stadtratsgruppe der N P D vom 22.6.67.

I. Zu Ziff. 3:

Die Höhe der Kosten für die Beseitigung der Säulenhalle ist nicht bekannt. Eine Auskunft hierüber und über die Masse der zu beseitigenden Trümmer kann das Hochbauamt geben.

Zu Ziff. 4:

Auf Wunsch des Hochbauamtes - fernmündlich übermittelt durch BOI. Müller, H II - wurde am 19.4.67 eine Überprüfung der gesamten Tribünenanlage hinsichtlich der bereits vorher vom Hochbauamt festgestellten baulichen Schäden durchgeführt.

Seitens der Bauordnungsbehörde waren an der Überprüfung beteiligt:

BOA. Voit,
BOI. Graf, und vom Prüfamt für Baustatik
Bauing. Schmidt.

Anwesend waren weiterhin 3 Herren des Hochbauamtes.

An der Anlage wurden folgende baulichen Schäden festgestellt:

Die Unterzüge (scheitrechte Bögen) unter der Deckenplatte der Säulenhalle, insbesondere deren Schlußsteine und Widerlager, waren an mehreren Stellen, dem Schichtverlauf der Steine entsprechend, horizontal und vertikal gerissen. Verschiedentlich waren Gesteinsbrocken ausgebrochen und lagen teilweise noch am Boden.

Bei den auskragenden Gesimssteinen waren an vielen Stellen dicht nebeneinander liegende Risse (richtungslos) sichtbar. An mehreren Stellen waren ebenfalls Gesteinsbrocken heruntergefallen.

Von der Decke der Halle waren bei mehreren Deckenfeldern die Mosaikverkleidung und Betonteile herabgefallen, sodaß die angerostete Bewehrung bereits sichtbar war.

Starke Risse waren an den Säulenquadern, insbesondere bei falsch versetzten Quadern (Lagerfuge nicht horizontal sondern vertikal), vorhanden.

Auch die Endquader der Deckenfelder über den Treppenaufgängen zeigten erhebliche waagrechte Risse.

Die Schäden, die sich im übrigen über die gesamte Anlage erstreckten, dürften hauptsächlich durch Witterungseinflüsse, insbesondere auch wegen der undichten Dachhaut, entstanden sein. Die falsch versetzten und im Gefüge nicht geschlossenen Gesteinsquader haben jedoch auch wesentlich die entstandenen Schäden begünstigt.

- 2 -

- 2 -

Aufgrund dieser Feststellungen bestand die Gefahr, daß sich weitere Gesteinsbrocken loslösen und herunterfallen. Da das Bauwerk von allen Seiten frei zugänglich war und im Hinblick auf das Norisring-Rennen am 2.7.67, mußte eine Anordnung getroffen werden, durch geeignete Maßnahmen zu vermeiden, daß Besucher den gefährdeten Bereich betreten können.
Es wurden deshalb an Ort und Stelle die Herren des Hochbauamtes aufgefordert, umgehend, unter Einhaltung der erforderlichen Sicherheitsabstände, eine standfeste und sichere, mindestens 1,80 m hohe geschlossene Einfriedung (z.B. aus Maschendraht, Preßgitter o.ä.) zu errichten. Die Sicherheitsabstände wurden an Ort und Stelle festgelegt. Sie sind in der beiliegenden Lageplanskizze rot eingetragen.
Da von den Herren des Hochbauamtes der Hinweis kam, daß zur Vorbereitung und während des Rennens einige der von der Rückseite des Bauwerks zugänglichen Räume benützbar sein müssen, wurde vorgeschlagen, in diesem Bereich die Zugänge zu diesen Räumen jeweils durch Errichtung von Schutzdächern zu sichern.

Eine Notwendigkeit, die Treppenaufgänge im Innern und deren Zugänge im Hinblick auf die Rennveranstaltung zu sichern und zur Benützung freizugeben, wurde seitens der Herren des Hochbauamtes nicht gesehen.

<u>Es wurde darauf hingewiesen, daß die geforderte Umzäunung im erforderlichen Umfang solange beizubehalten und zu unterhalten ist, bis die Schäden beseitigt sind.</u>

Die an sich zusätzlich beabsichtigte schriftliche Anordnung an das Hochbauamt, die erforderlichen Sicherheitsmaßnahmen durchzuführen, wurde hinfällig, weil einige Tage nach der Besichtigung bekannt wurde, daß das Hochbauamt die Angelegenheit auf andere Weise bereinigen wollte.

Die Bauordnungsbehörde war mit dieser Sache dann erstmals wieder befaßt, als am 10.5.67 von der Fa. Arthur Rust GmbH, Nürnberg, um Sprenggenehmigung nachgesucht wurde. Diese Genehmigung ist am 29.5.67 erteilt worden.

IV. Herrn BoB/D

Zu II.

I. K.g.   3.7.67.
                              Bauordnungsbehörde
                              Techn. Bezirk 2

II. <u>Herrn Ref. VI in Vorlage</u>

Am 3. Juli 1967
Bauordnungsbehörde

"Negative Heritage"
Nationalsozialistische Architektur unter Denkmalschutz?
1973 | 2015

„Das Prädikat ‚Baudenkmal' kann der Zeppelintribüne weder inhaltlich noch nach den Bauformen zuerkannt werden; es handelt sich um ein Bauwerk, das den Wert eines Kuriosums besitzt."
Heinz Schmeißner, Baureferent der Stadt Nürnberg, Baubericht Zeppelintribüne, 1967.

1973 Neufassung des bayerischen Denkmalschutzgesetzes | 1974 erste Denkmallisten mit Kongresshalle und Zeppelinfeld | 1980er Jahre Interessenskonflikte zwischen Denkmalschutz und Stadt | 2001 Einigkeit beim Bau des Dokumentationszentrums | 2013 Tag des offenen Denkmals auf dem Gelände

Die Neufassung des bayerischen Denkmalschutzgesetzes im Jahr 1973 ist ein erstes Anzeichen für den Bewusstseinswandel im Umgang mit nationalsozialistischen Bauten. Diese erweiterte Definition des Denkmalschutzbegriffs stuft den „Kolossalstil des Dritten Reiches" als schutzwürdig ein – und verpflichtet die Stadt Nürnberg zum Erhalt der Gebäude. In den 1980er Jahren stoßen die Umbaupläne der Kongresshalle zum Fußballstadion bzw. Freizeitzentrum auch bei der Denkmalpflege auf Widerstand. Einigkeit herrscht dagegen beim Bau des Dokumentationszentrums: Der Eingriff in die Substanz des Gebäudes wird als „Grenzfall" eingestuft und im Sinne „politischer Denkmalpflege" vom Denkmalschutz befürwortet.

2013 ist der Tag des offenen Denkmals der Pflege von „unbequemen Denkmälern" gewidmet. Am Beispiel von Kongresshalle und Zeppelinfeld wird die zentrale Frage gestellt: „Was ist wert, erhalten zu werden, und warum?"

→
1974 stehen Kongresshalle und Zeppelintribüne erstmals in der Denkmalliste: der „Torso der Kongresshalle" wird als „unvollendeter Rest der Parteitagsbauten" bezeichnet, die „rechteckige Anlage" Zeppelinfeld als „einziges erhaltenes Bauwerk aus der Zeit der Parteitage" neben der Kongresshalle.
Denkmalliste Stadtkreis Nürnberg, Bauordnungsbehörde Nürnberg, 1974.

Ensemble Bauerngasse 17,19 mit Gostenhofer Hauptstraße 69, 71 und Petzoltstraße 4—14.

Bauerngasse 17,19	Sandstein-Mietshäuser mit reichem Dekor im sog. Neu-Nürnberger Stil. Um 1900
Bauhof 9	Baumeisterhaus. Dreigeschossiger Spätrenaissancebau; Sandstein; errichtet 1615 von Jakob Wolff d.J. Im Erdgeschoß Saal mit schwerer Barockstuckdecke (spätes 17. Jh.)
==Bayernstr. 100==	==Torso der „Kongreßhalle", 1937—39 von Prof. Ludwig Ruff. Große hufeisenförmige Anlage, Backstein mit Muschelkalkverkleidung. Unvollendeter Überrest der Parteitagsbauten von 1933—39. Jetzt sog. Ausstellungs-Rundbau==

Ensemble Bayreuther Straße 29,31 mit Pirckheimerstraße 134.

Bayreuther Straße 29,31	Große Mietshäuser (Gelber Sandstein) mit reichem, typischem Neurenaissancedekor. Um 1890/95	
Bayreuther Straße	Brunnen Neptunbrunnen (Meergott Neptun mit Gefolge), Bronzefiguren von Georg Schweigger, um 1650/60. Kopie von 1902 im Stadtpark	*westlich vom Weiher*
Bayreuther Straße	Denkmal Friedrich Schillers; Marmorrelief von A.v.Hildebrand, Architektur von Prof. Sattler, München. Errichtet 1909 im Stadtpark	*Nähe Gaststätte*
Bayreuther Straße	Gedenkstein zur Erinnerung an den Tod eines 1829 hier verunglückten Gymnasiasten. Sandsteinpfeiler mit Inschrift, im Stadtpark	
Bayreuther Straße	Gedenkstein, Joh. Albert Heiden, 1829, im Stadtpark	*An der Äußeren Bayreuther Str.*
Bayreuther Straße	Gedenkstein, an den ehem. Deumentenhof, im Stadtpark *im nördlichen Teil*	

Ensemble Bei der Gerasmühle 1 — 18: Aus einem alten Hammerwerk entstandene Gebäudegruppe, Anfang 19. Jh., zweigeschossige Sandsteinbauten des ehem. Hammerwerkes und eingeschossige Industriegebäude, letztere um einen Hof gruppiert.

Bei der Grasmühle 6	Fachwerkscheune	Ge
Bei der Grasmühle 7, 3, 5,	Zweigeschossiges Wohnhaus mit Satteldach und Aufzugsgaube	Ge

- 3 -

innert werden, daß die Zerstörung des historischen Nürnberg auch im Zusammenhang mit ihrem Ruf als "Stadt der Reichsparteitage" zu sehen ist.

Die Frage der möglichen Nutzung dieses Baudenkmals ist nicht zuletzt im Rahmen von Artikel 5 DSchG zu betrachten:

Nach Auffassung des Landesamtes für Denkmalpflege ist die Erhaltung als Torso durchaus denkbar mit der jetzigen Nutzung, die sich eher zufällig entwickelt hat. Denkbar wäre aber auch die Weiterentwicklung der Bauidee als Arena für Veranstaltungen mit großer Zuschauerzahl - das Landesamt hat an anderer Stelle bereits auf den älteren Plan von Professor March hingewiesen, hier ein Fußballstadion einzubauen. Im übrigen würde gerade auch der Verzicht auf eine Nutzung und die Widmung des Torso als Mahnmal dem Geschichtsdenkmal gerecht werden.

Gegen die vor kurzem aus der Presse bekannt gewordenen Vorstellungen einer Finanzierungsgesellschaft, im Torso der Kongreßhalle ein "Erlebniszentrum" mit Einkaufszentrum, Seniorenheim, Hotel, Ladenpassagen usw. einzurichten, muß das Landesamt für Denkmalpflege dagegen erhebliche Bedenken anmelden. Auch die erstmals am 25.3.1987 durch die Untere Denkmalschutzbehörde erfolgte Information hat diese Bedenken nicht mindern können. Das Landesamt ist der Auffassung, daß diese Nutzungsvorstellungen - und zwar unabhängig von der baulichen Ausformung - dem besonderen Charakter dieses Geschichtsdenkmals nicht angemessen sind.

Die Stadt Nürnberg wird gebeten, neben den wirtschaftlichen Aspekten auch die hier vorgetragenen Überlegungen in die weiteren Beratungen zu dem genannten Projekt einzubeziehen.

Die Untere Denkmalschutzbehörde Nürnberg, Herr Stadtheimatpfleger Stolz und die Bauordnungsbehörde Nürnberg erhalten Kopie dieses Schreibens.

gez.

(Prof.Dr.Michael Petzet)
Generalkonservator

Unter dem Motto „Jenseits des Guten und Schönen: Unbequeme Denkmale?" werden 2013 Führungen in der Kongresshalle und dem „Goldenen Saal" angeboten: Die Resonanz übertrifft alle Erwartungen.
Tag des offenen Denkmals, Dokumentationszentrum Reichsparteitagsgelände, 2013.

←
Nicht immer waren sich Denkmalpflege und Stadt in der Frage des „richtigen" Umgangs mit den Bauten einig: Gegen den Umbau der Kongresshalle in ein „Erlebniszentrum" in den späten 1980er Jahren „muss das Landesamt für Denkmalspflege […] erhebliche Bedenken anmelden" – laut Nürnberger Stadtrat jedoch führen „solche Diskussionen mit beamteten Denkmalschützern […] erfahrungsgemäß zu nichts".
Schreiben des Bayerischen Landesamts für Denkmalpflege, Bauordnungsbehörde Nürnberg, 1987.

Kreuz gegen Hakenkreuz
Religion auf dem Gelände
1945 | 2015

„Mit der Bibel in der Linken und mit der wie ein Speer vorschnellenden rechten Hand beschwor gestern der moderne ‚Kreuzfahrer', Dr. Billy Graham, eine unübersehbare Menschenmenge auf der Nürnberger Zeppelinwiese, ein Leben in Christo zu beginnen."
Nürnberger Nachrichten, 1955.

22. April 1945 Jüdischer Gottesdienst auf der Zeppelintribüne |
1953 Weltkongress der Zeugen Jehovas | 1955 und 1963 Massen-
evangelisationen mit Billy Graham | 1988 Jugendkongress „Christival" |
2015 Gottesdienst „Awakening Europe"

Unterschiedliche religiöse Gruppen nutzen das Zeppelinfeld und wollen mit Gottesdiensten und entsprechender Dekoration den Ort ‚positiv' in Besitz nehmen. Mit dem dominierenden Schriftzug „Triumphierendes Königreich" über der Haupttribüne veranstalten 1953 die Zeugen Jehovas ihren Weltkongress und später weitere Zusammenkünfte. Auch der amerikanische Massenprediger Billy Graham nutzt Hitlers Rednerkanzel. Der Jugendkongress „Christival" verbreitet die Botschaft „Gott will alle" ebenfalls auf dem Zeppelinfeld. 2015 lädt „Godfest Ministries" zu einem Gottesdienst „Awakening Europe" bewusst nach Nürnberg ein, um „Geschichte neu zu schreiben".

Die teils fragwürdigen Botschaften mancher religiöser Gruppierungen passen nicht mehr zum historischen Ort Zeppelinfeld. In den letzten Jahren wird für solche Veranstaltungen das Nürnberger Stadion, nicht jedoch das Zeppelinfeld vermietet.

Bereits am 22. April 1945 feiert der amerikanische Militärrabbiner David Max Eichhorn einen jüdischen Gottesdienst auf der Zeppelintribüne – auch als Akt jüdischer Selbstbehauptung am Ort nationalsozialistischer Propaganda.
David Max Eichhorn bei der Ankunft im befreiten KZ Dachau, KZ-Gedenkstätte Dachau, 1945.

Die Nürnberger Kulturreferentin Karla Fohrbeck will 1990 das Zeppelinfeld als christlich aufgeladenen „Friedenshain" vor der Rednerkanzel Hitlers gestalten. Das Projekt trifft auf teils vehemente Ablehnung und bleibt Skizze.
Skizze Karla Fohrbecks für den Friedenshain, Stadtratsvorlage, Dokumentationszentrum Reichsparteitagsgelände, 1990.

Der Baptistenpastor Billy Graham, das „Maschinengewehr Gottes", versteht seine Massenevangelisationen als Kreuzzüge gegen den Unglauben.
Plakatwerbung Billy Graham auf dem Zeppelinfeld, Privatbesitz, 1955.

Die englische Predigt wird ins Deutsche übersetzt und zieht Zehntausende Zuhörer an.
Graham und Übersetzer auf der Rednerkanzel der Zeppelinhaupttribüne, Privatbesitz, 1955.

→
„Billy Graham bringt das Wort Gottes den Menschen unserer Zeit" – die Fotos in einem privaten Familienalbum belegen auch den großen Publikumszuspruch bei der Massenevangelisation Grahams.
Fotoalbum mit Aufnahmen der Massenevangelisation von Billy Graham, Privatbesitz, 1963.

Am 16. Juni 1963
auf der Zeppelinwiese

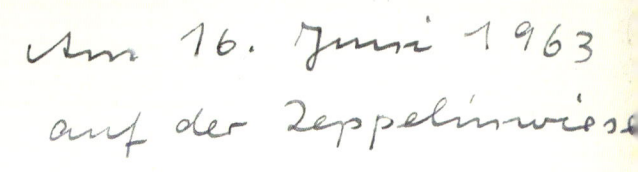

Billy Graham
bringt das Wort
Gottes
dem Menschen
unserer Zeit

12. - 16. Juni

Mit Faust und Krone Jehovas sowie einem Baldachin über der Rednerkanzel wird die Zeppelintribüne für das „Triumphierende Königreich" der Zeugen Jehovas geschmückt.
Postkarte zum Weltkongress der Zeugen Jehovas, Dokumentationszentrum Reichsparteitagsgelände, 1955.

Rund 50.000 Zeugen Jehovas aus aller
Welt nehmen 1953 am Weltkongress in
Nürnberg teil.
Gottesdienstteilnehmer auf dem Zeppelinfeld,
Stadtarchiv Nürnberg, 1953.

Musik statt Massenaufmarsch

Bob Dylan, Klassik-Open-Air und Rock im Park
1978 | 2015

„Für das Konzert am 1. Juli 1978 wurde die Bühne gegenüber der einstigen Hitlertribüne aufgebaut. 80.000 Leute kamen, das war ein Wahnsinn, auch für Dylan, der hat nie so gut gespielt. Nach dem Auftritt rief er mich an: ‚Fritz, 80.000 Deutsche haben Hitler den Rücken gekehrt und sich mir zugewandt.' Es war mir ein Bedürfnis, dieses Gelände zu ‚entweihen'."

Konzertveranstalter Fritz Rau in einem Zeitungsinterview, 1998.

1977 Santana | 1978 Bob Dylan, Eric Clapton | 1979 The Who |
1980er Jahre „Monsters of Rock"-Konzerte | 1985 und 1987 Deep
Purple | 1990 Tina Turner | 1994 Billy Joel | 1997 U2 | 1998 Rolling
Stones, Genesis | 1999 Metallica | 2000 Sting | 2002 Neil Young |
2004 Die Toten Hosen | 2006 Depeche Mode | 2007 Die Ärzte |
2010 Rammstein, Kiss | 2011 Coldplay | 2015 ACDC

E-Gitarren auf dem Zeppelinfeld: Als Kontrast zur Marschmusik der Nationalsozialisten hat Bob Dylan 1978 seinen legendären Auftritt. Die bewusste Inbesitznahme des Aufmarschfeldes durch eine lockere Menschenmenge statt formierter Massen öffnet das Areal für moderne Musikkultur, so dass „Rock im Park" heute wie selbstverständlich eine „Zeppelinstage" aufbauen kann.

Das Fränkische Landesorchester, die späteren Nürnberger Symphoniker, probt seit den 1960er Jahren im südlichen Kopfbau der Kongresshalle und betreibt das Musikstudio „Collosseum Records". Amerikanische Soldaten haben schon 1945 einen „Yankee Doodle" auf der Rednerkanzel der Luitpoldarena für einen Film inszeniert. Musik ist als wichtiger Teil des Umgangs mit dem Gelände etabliert.

→
Das Open-Air-Festival mit Bob Dylan
im Juli 1978 etabliert das Zeppelinfeld als
Veranstaltungsort für große Konzerte.
Plakat zum Open-Air-Festival auf dem Zeppelinfeld,
Stadtarchiv Nürnberg, 1978.

OPEN AIR
FESTIVAL
NÜRNBERG
Zeppelinfeld
Samstag
Beginn 14 Uhr
1. JULI
'78
RTL
FRITZ RAU + MICHAEL SCHELLER
PRESENT
BOB DYLAN
ERIC CLAPTON
SONNY TERRY & BROWNIE McGHEE
+ LEROY LITTLE LAKE
VINCE WEBER
verbilligter Vorverkauf DM 30,– zzgl. Vorverkaufsgebühr
Tageskasse DM 40,–
Vorverkauf bei allen bek. Vorverkaufsstellen in Süddeutschland sowie bei allen Amtlich Bayerischen Reisebüros (abr)
Schriftliche Kartenbestellungen: Amtlich Bayerisches Reisebüro Postfach 200 125 8000 München 2 oder Konzertbüro M. Hoffmann, N 7, 13–15 6800 Mannheim Kartenpreis: DM 30,– zzgl. Vorverkaufs- und Nachnahmegebühr.
CBS
The Family Of Music

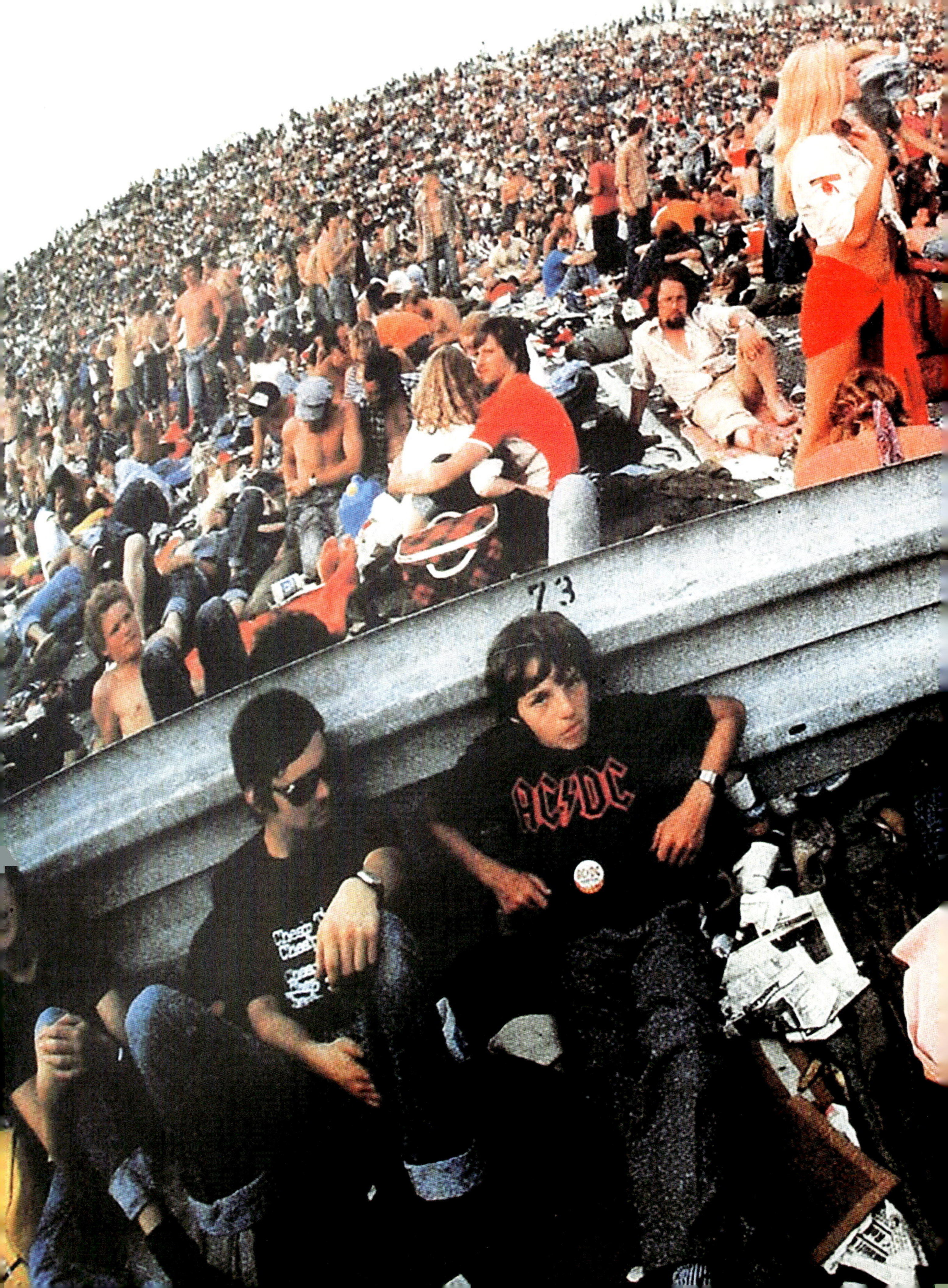
73
AC/DC

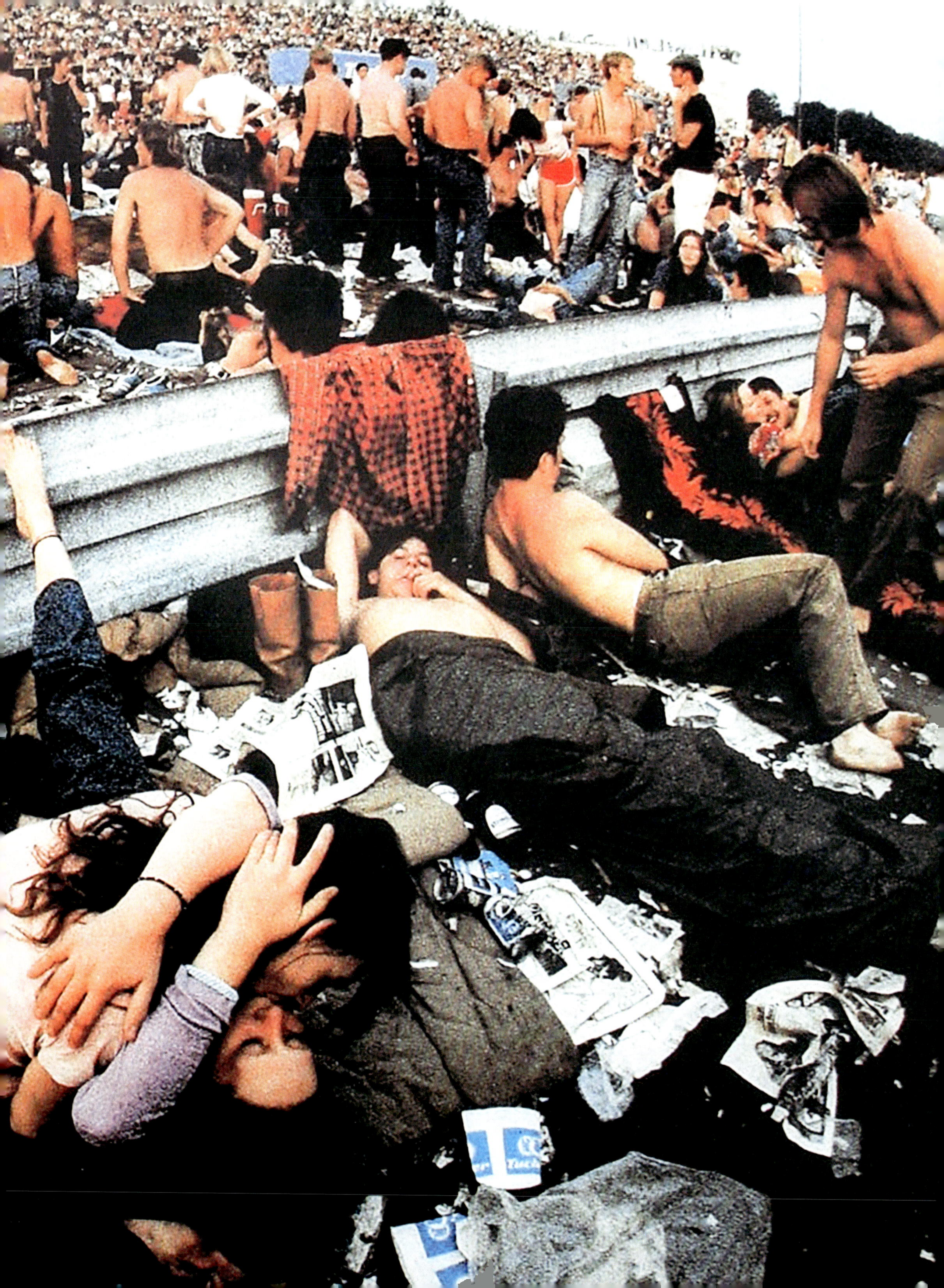

„I hope, this Nazi-Shit will never happen again" – mit diesen Worten überrascht Billy Joel, US-amerikanischer Weltstar mit fränkischen Wurzeln, bei seinem Auftritt auf dem Gelände. 1994 spielt der „Piano Man" – erstmals in Nürnberg überhaupt – auf dem Soldier's Field ausschließlich für Angehörige der US-Army.
Billy Joel auf dem Zeppelinfeld, Günter Distler, 1994.

←
Im Stil der 1970er Jahre fotografiert Reinhard Kemmeter mit einem Fischauge die entspannt auf der Zeppelintribüne lagernde Menschenmenge der Flower-Power-Generation beim Dylan-Konzert.
Abdruck aus Fotozeitschrift, Reinhard Kemmeter, 1978.

Bob Dylan geht mit einer kurzen Bemerkung vor dem Song „Masters of War" auf den Spielort Zeppelinfeld ein. Sein Solo „A hard Rain is a-gonna fall" wirkt als Statement „nicht zu vergessen" und führt zu stehendem Applaus des Publikums.
Bob Dylan mit seiner Fender-Gitarre, Privatbesitz, 1978.

„Rock im Park" ist seit 1977 auf dem Zeppelinfeld eine feste Größe im Veranstaltungsprogramm der Stadt. Über 75.000 Karten werden jährlich für das dreitägige Festival verkauft.
Die Band „Coldplay" auf der Centerstage bei „Rock im Park", Argo Konzerte/Günter Pfannmüller, 2011.

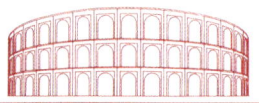

NÜRNBERGER SYMPHONIKER

Haus der Nürnberger Symphoniker
Kongreßhalle/Bayernstraße 100
8500 Nürnberg 44 · Postfach 440211
Tel. 0911-4740140 · Telex 626456
Telefax 0911-4740160

Die Nürnberger Symphoniker verfremden die Fassade der Kongresshalle zu ihrem Logo im Stil des Kolosseums.
Ausschnitt aus einem Briefkopf der Symphoniker, Dokumentationszentrum Reichsparteitagsgelände, 1970er Jahre.

Alexander Joel, international bekannter Dirigent, gastiert ebenfalls auf dem ehemaligen Reichsparteitagsgelände. 2007 hat der Bruder von Billy Joel einen Auftritt beim Klassik-Open-Air im Luitpoldhain.
Nürnberger Nachrichten, 2007.

Die Klassik-Open-Air-Konzerte finden ab dem Jahr 2000 im Luitpoldhain statt. Erst seit Nürnberg mit dem Dokumentationszentrum und dem Menschenrechtspreis eine glaubwürdige Position zur NS-Vergangenheit eingenommen hat, ist das Aufmarschfeld von SA und SS so nutzbar.
Open-Air im Luitpoldhain, Uwe Niklas, 2014.

Mit einer eigenartig kolorierten Ansicht der Kongresshalle wirbt der Serenadenhof für sein Musikprogramm im Vorhof des südlichen Kopfbaus der Kongresshalle.
Ausschnitt aus Plakatwerbung, Dokumentationszentrum Reichsparteitagsgelände, 1980er Jahre.

Skulpturenpark
Kunst auf dem Gelände
1971 | 2015

„Die angestrebten künstlerischen Auseinandersetzungen sind deshalb dezidiert als ‚temporäre Lösungen' zu sehen, die keineswegs für die ‚Ewigkeit' geschaffen werden."
Leitlinien der Stadt Nürnberg, 2004.

1971 Projekt Karl Prantls zu Steinen der Großen Straße | 1985 bis 2001 Performanceprojekte und Installationen in der Ausstellung „Faszination und Gewalt" | 1988 Skulpturen „Overkill I und II" | 1997 Kunstinstallation „Zeitenklammer" in der umgenutzten SS-Kaserne | 2006 Kunstaktion „Hasenfellweich" zur Fußball-WM | 2008 Ausstellung „Das Gelände" in der Kunsthalle Nürnberg | 2011 Konzept „Kunst auf dem ehemaligen Reichsparteitagsgelände"

Seit Karl Prantl 1971 die Steine der Großen Straße zu bearbeiten beginnt, gibt es Kunstprojekte, die sich mit dem Reichsparteitagsgelände auseinandersetzen. „Overkill I und II" sind aber die einzigen Skulpturen, die im Gelände tatsächlich aufgestellt werden – sieht man von Günther Domenigs Architektur des Dokumentationszentrums ab, die ebenfalls wie eine Raumskulptur wirkt.

Daneben gibt es zahlreiche Performance-Aktionen und temporäre Installationen von Kunst sowie immer wieder Projektvorschläge, die nicht realisiert werden. Die Ausstellung „Das Gelände" in der Kunsthalle Nürnberg präsentiert 2008 eine ganze Reihe künstlerischer Arbeiten zum Reichsparteitagsgelände. Die aktuelle Konzeption der Stadt Nürnberg sieht temporäre Kunstaktionen auf dem Gelände von internationalem Format vor. Dies umzusetzen, ist eine Aufgabe für die Zukunft.

Im Nürnberger Reichsparteitagsgelände soll ein europäisches Bildhauer-Zentrum entstehen
Die Nazi-Straße als Kunstwerk

In Nürnberg soll die größte und in dieser Form einzige und einzigartige Boden-Plastik der Welt entstehen! In Nürnberg soll ein permanentes Bildhauer-Symposium stattfinden, das die Stadt zu einem künstlerischen Zentrum Europas macht! Aus dem Reichsparteitagsgelände, inhumanes Zeugnis aus der bittersten und schmachvollsten Epoche der Geschichte dieser Stadt, soll ein Ereignis der Humanität und der Völkerverständigung werden. Die Aufmarsch-Straße zwischen dem Großen und Kleinen Dutzendteich, einst von SS- und SA-Stiefeln im Marschtritt betrampelt, soll von Künstler-Händen bearbeitet und dann von Spaziergänger-Füßen erfüllt werden! Das ist der Plan einiger Bildhauer, die am „Symposium Urbanum Nürnberg 71" teilnahmen, und mit ihnen sympathisierender Künstler. Neben den rund 30 Plastiken für den Nürnberger Raum ein weiteres Ergebnis — vorerst als Idee — aus dem Symposion.

Karl Prantl, der geistige Vater des „Symposion"-Gedankens, der Japaner Hajime Togashi und einige seiner Landsleute, die Polen Marian Bogusz und Adolf Ryszka, die Deutschen Anna Kubach-Wilmsen und Wolfgang Kubach, Leo Kornbrust, Hannes Haseleker, Maria Bilger, Paul Schneider und der Nürnberger Wilhelm Uhlig gehören sozusagen zum „Initiativ-Ausschuß" einer Idee, die bereits in städtischen Referaten (Kultur-, Bau-) bearbeitet wird.

Karl Prantl, Sprecher der Gruppe, die eigentlich lieber die Anonymität vorziehen würde, weil sie eher die Gesamtheit künstlerischen Bemühens in den Vordergrund stellen möchte, erklärt: „Die ‚Große Straße' ist zunächst ein hervorragendes Material. Wir stellen uns vor, daß die rund 70 000 Granitplatten, deren Spuren man schon überall in Nürnberg findet, von Bildhauern bearbeitet werden. Denkbar ist zum Beispiel, daß bei allen Symposien, die künftig irgendwo in der Welt stattfinden, die eingeladenen Künstler verpflichtet werden, erst einmal zwei Wochen an der ‚Großen Straße' in Nürnberg zu arbeiten."

Zur politisch-historischen Belastung des Nazi-Bauwerks sagt der Pole Marian Bogusz, der vier Jahre im KZ Mauthausen saß: „Das Dritte Reich ist nicht eine Geschichte dieser Stadt, sondern die Geschichte von allen Menschen in Europa. Daher hat Nürnberg die Prädisposition, unter Mithilfe aller Europäer eine neue Stätte für Europa zu werden. Wir können diese Epoche nicht auslassen, aber wir können ihre Zeugnisse verändern. Das ist eine Aufgabe nicht für Politiker, auch nicht für Architekten, sondern für Künstler."

Prantl sagt es bildhaft: „Es ist nicht richtig, über die Vergangenheit Gras wachsen zu lassen. Weder über die Gesinnungen noch über die steinernen Zeugnisse. Wir dürfen das nicht der Natur, der Vegetation überlassen. Sie kann es nicht leisten. Es geht um eine Verwandlung, fast so wie der Priester Wein zu Blut verwandelt."

Die Hilflosigkeit, die Ängstlichkeit, Befangenheit, mit der die Nürnberger den Zeugnissen architektonischen Größenwahnsinns 25 Jahre lang gegenüberstanden, verstehen die Künstler durchaus. Aber sie wollen helfen, sie zu überwinden. Sie sehen in den nazistischen Steinhaufen eine „Chance, die nicht so oft gegeben wird und die 25 Jahre nicht genutzt wurde".

Einflußreiche Sympathisanten im Nürnberger Rathaus sprechen bereits von einem „Exercitium Humanum 2000" und verweisen auf die mögliche Einbeziehung der Kongreß-Halle und der Zeppelintribüne in die künstlerischen Vorhaben. Die Bildhauer peilen eine Dauereinrichtung an, einen ständigen Treffpunkt von Plastikern, Musikern, Schriftstellern.

Eine faszinierende Idee: Wo früher die Barbarei marschierte, später amerikanische Flugzeuge landeten und jetzt die Autos von Fußball-Fans parken, werden Bürger mit ihren Füßen ein riesiges Kunstwerk erfühlen. Und: Auf Reliefs kann man nicht marschieren — Kunst stört den Gleichschritt.
Norbert Neudecker

70 000 GRANITPLATTEN auf der Aufmarsch-Straße im Reichsparteitagsgelände sollen ein gigantisches Relief werden.
Foto: AZ

PLANEN FÜR NÜRNBERG (von links): Anna Kubach, Wolfgang Kubach, Frau Uhlig, Hajime Togashi, der Nürnberger Grafiker Wolfgang Löfftz, Karl Prantl, der Nürnberger Bildhauer Wilhelm Uhlig (mit Tochter).
Foto: Loopers

Der Nürnberger Bildhauer Karl Prantl möchte die Große Straße – in der falschen Annahme, es handele sich beim Plattenbelag um Granit aus Konzentrationslagern – zu einem Mahnmal und internationalen Kunstwerk entwickeln.
Abendzeitung Nürnberg, 1971.

Eine Schnapsidee: Sieben Flaschen im Halbkreis um eine Schale deuten die Rotunde in Schinkels Altem Museum samt der weltberühmten Granitschale an. Die klassizistisch-preußische Tradition der kurzzeitig im Innenhof der Kongresshalle abgestellten Flammenschale der Zeppelintribüne ist so ironisch kommentiert.
Bernhard Prinz: „Idee, Ideal, Ideologie", Neues Museum in Nürnberg, Fotografien 1983 und 1989.

1988 installiert Hans Jürgen Breuste die aus Kriegsschrott der US-Army zusammengeschweißten Skulpturen „Overkill I" und „Overkill II" vor dem Haupteingang der Ausstellung „Faszination und Gewalt", gedacht auch als Gegengewicht zur Rückseite der Zeppelintribüne von Albert Speer.
„Overkill I und II", Nürnberger Nachrichten, 1990.

„Nicht mehr ohne Gegenrede ..."
Erinnerungsarbeit 1984 | 1985 – 2001

„Nicht, dass wir sehr spät kommen, […] wir haben uns seit Jahrzehnten bemüht, diese Erinnerungsarbeit zu leisten. Wir haben hier auf diesem Gelände gezögert, weil wir dachten, es solle von selbst zerfallen, denn was für tausend Jahre gebaut war, war so schlecht gebaut, dass bereits die Witterungseinflüsse dafür sorgten, dass viele Teile einfach verrotteten. Wir haben gedacht, man lasse es als Mausoleum überstehen. Es ist aber deutlich geworden, dass sehr viele Besucher hier ohne Information dieses Gelände bestaunen …"

Kulturreferent Hermann Glaser am 17. November 1984 zur Eröffnung der Ton-Bild-Schau in der Zeppelintribüne.

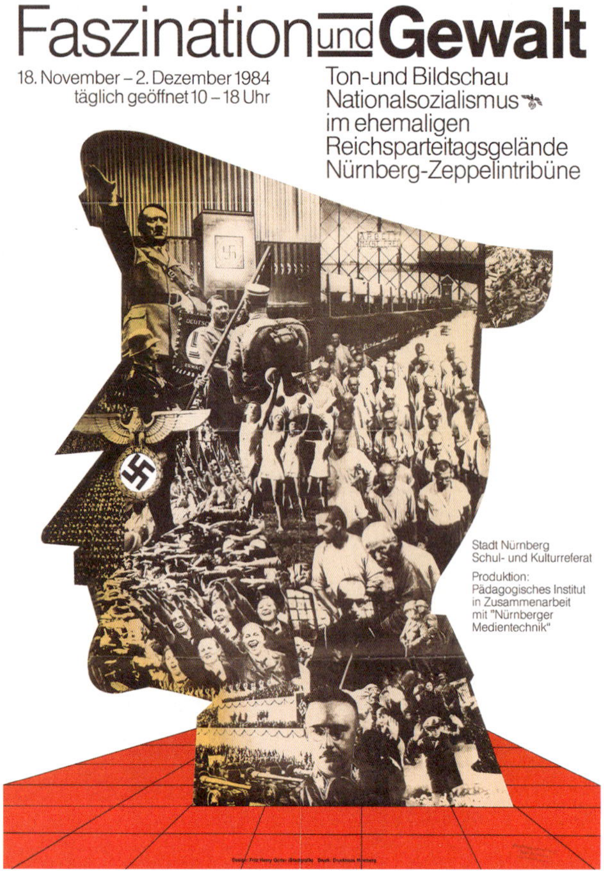
Faszination und Gewalt
18. November – 2. Dezember 1984
täglich geöffnet 10 – 18 Uhr
Ton-und Bildschau
Nationalsozialismus
im ehemaligen
Reichsparteitagsgelände
Nürnberg-Zeppelintribüne
Stadt Nürnberg
Schul- und Kulturreferat
Produktion:
Pädagogisches Institut
in Zusammenarbeit
mit "Nürnberger
Medientechnik"

FASZINATION UND Gewalt
Ausstellung
in der Zeppelintribüne
im ehemaligen
Reichsparteitagsgelände
am Dutzendteich
NÜRNBERG
UND DER
NATIONALSOZIALISMUS
geöffnet:
16. Juli – 18. Oktober
Mittwoch – Sonntag
14.00 – 18.00 Uhr
Eingang Rückseite

FASZINATION UND Gewalt
Ausstellung
in der Zeppelintribüne
im ehemaligen
Reichsparteitagsgelände
am Dutzendteich
NÜRNBERG
UND DER
NATIONALSOZIALISMUS
geöffnet:
16. Juli – 16. Oktober
Mittwoch – Sonntag
14.00 – 18.00 Uhr
Eingang Rückseite

FASZINATION UND Gewalt
AUSSTELLUNG
NÜRNBERG
UND DER NATIONALSOZIALISMUS
Geöffnet: 30. Juni – 22. Oktober 1989
Mittwoch – Sonntag 14.00 – 18.00 Uhr
Eingang Rückseite
In der Zeppelintribüne (Zeppelinstraße)
im ehemaligen Reichsparteitagsgelände
am Dutzendteich

FASZINATION UND Gewalt

AUSSTELLUNG

NÜRNBERG UND DER NATIONALSOZIALISMUS

Geöffnet bis Ende Oktober
Dienstag – Sonntag 10 – 18 Uhr
Eingang Tribünenrückseite

In der Zeppelintribüne (Zeppelinstraße)
im ehemaligen Reichsparteitagsgelände
am Dutzendteich

1984 Ton-Bild-Schau zum 50. Jahrestag der Machtübernahme mit Verspätung eröffnet | 1985 Ausstellung „Faszination und Gewalt" | 1986 Konzerte der „Einstürzenden Neubauten" im „Goldenen Saal" | 1989 Vier Infotürme auf dem Gelände | 1993–1995 Erweiterung der Ausstellung | 1994 Übernahme durch die Museen der Stadt Nürnberg | 2001 Schließung der Ausstellung wegen Eröffnung des Dokumentationszentrums

Auf Veranlassung Hermann Glasers, des damaligen Kulturreferenten, öffnet im November 1984 die Ton-Bild-Schau „Faszination und Gewalt" im Saal der Zeppelintribüne. Die Schau wird – trotz ihrer inhaltlichen Defizite – einhellig als erster Schritt auf dem richtigen Weg zu einer Auseinandersetzung mit dem Reichsparteitagsgelände gesehen und 1985 durch das Pädagogische Institut zu einer provisorischen Ausstellung umgearbeitet.

Obwohl die rein deutschsprachige Ausstellung in der unbeheizten Tribüne nur im Sommer geöffnet hat, verzeichnet sie jährlich bis zu 50.000 Besucher. 1994 wird sie den Museen der Stadt Nürnberg angegliedert, die – wie seit längerem von einer Bürgerinitiative unter Vorsitz Carlo Jahns gefordert – den Bau eines Dokumentationszentrums in der Kongresshalle forcieren. 2001 wird die alte Ausstellung mit Eröffnung des neuen Hauses geschlossen.

In den 1980er und 1990er Jahren publizierte erste Studien von Robert Fritzsch, Thomas Wunder, Siegfried Zelnhefer und Geschichte Für Alle e. V. leisten Pionierarbeit und vermitteln erstmals Motivation, Funktion und Ziele der Reichsparteitage sowie die Wirkung von NS-Architektur. Unter der Leitung von Bernd Ogan und Wolfgang W. Weiß veranstaltet das für die Ausstellung verantwortliche Pädagogische Institut Symposien, deren Redebeiträge in einer Schriftenreihe dokumentiert werden.

←
Der Versuch einer mit den Jahren zunehmenden inhaltlichen Brechung der Faszination zeigt sich auch in der Gestaltung der Plakate für die Ausstellung.
Plakate, Stadtarchiv Nürnberg, 1984–1992.

Mit einfachen Mitteln und sehr puristisch dokumentieren die Tafeln der Ausstellung „Faszination und Gewalt" die Geschichte des Nationalsozialismus.
Dokumentationszentrum Reichsparteitagsgelände, 1985.

Eingezogene Mauern sollen bei der Ton-Bild-Schau die Wirkung der NS-Architektur im Saal konterkarieren – ein Konzept, das ein Jahr später aufgegeben wird.
Nürnberger Zeitung, 1984.

133

1989 werden, wie seit Jahren gefordert, endlich vier Informationstürme auf dem Gelände aufgestellt.
Nürnberger Nachrichten, 1989.

Dr. Eckart Dietzfelbinger, später Mitarbeiter im Dokumentationszentrum, betreut seit 1986 fachlich die Ausstellung in der Zeppelintribüne.
Nürnberger Nachrichten, 1995.

Die Band „Einstürzende Neubauten" nutzt den sogenannten Goldenen Saal als ungewöhnliche Kulisse für ein Konzert.
Nürnberger Nachrichten, 1986.

Ergänzend zur Ausstellung bietet der
Verein Geschichte Für Alle e.V. seit 1985
Rundgänge auf dem Gelände an –
bis heute mit steigendem Interesse.
Rundgang von Geschichte Für Alle e.V. beim
Informationstag Zeppelinfeld, Dokumentations-
zentrum Reichsparteitagsgelände, 2015.

„Sind Sie der Führer?"
Tourismus auf dem Gelände
1945 | 2015

„Ich erkläre halt so nebenbei täglich einigen hundert Touristen, wo der Hitler stand, wo der Eingang zur NS-Ausstellung ist und dass die nur ab 14 Uhr offen hat, dass es die Prospekte für das Reichsparteitagsgelände im Verkehrsbüro am Hauptbahnhof gibt, dass die Kongresshalle nie fertig wurde und so weiter."

Walter Dirnberger, Verkäufer am Imbiss-Stand neben der Zeppelintribüne, Abendzeitung Nürnberg, 1987.

1945–1970er Jahre Touristenziel wider Willen | 1971 Tausende Touristen Jahr für Jahr | ab 1977 erste Informationen | 2001 Anlaufstelle vor Ort: Dokumentationszentrum Reichsparteitagsgelände | ab 2008 Schiffstourismus auf dem Gelände | 2015 Viertelmillion Besucher im Jahr

Noch 1967 hält Baureferent Heinz Schmeißner den „Wert der Zeppelintribüne als Attraktion für den Fremdenverkehr [für] mehr als fragwürdig", entsprechend suchen Touristen jahrzehntelang vergeblich nach Hinweisschildern. Ende der 1970er Jahre entstehen erste Informationsangebote, seit 2001 gibt es mit dem Dokumentationszentrum eine ganzjährig geöffnete Anlaufstelle auf dem Gelände.

Aktuell besuchen jährlich mehr als 235.000 Menschen das Dokumentationszentrum. Angesichts des weitaus größeren Besucherstroms auf dem Gelände selbst ist der Vorwurf eines „florierende[n] Erinnerungstourismus" zwar nachvollziehbar, aber nicht berechtigt: Mag mancher sich tatsächlich nur „ein oberflächliches Nazi-Gruseln abholen", so spricht die hohe Zahl an Besuchern, die vertiefende Angebote wahrnehmen, dagegen.

Mit dem Walkman durch Nürnbergs braune Vergangenheit

Von Gerhard Stapf

Nürnberg – Seit vier Wochen können sich Touristen und Nürnberger mit dem Walkman durch die braune Vergangenheit führen lassen. Für drei Mark Leihgebühr gibt es am Campingplatz hinter dem Stadionbad die 45minütige Tonkassette und ein Faltblatt für den rechten Weg.

Die Vier-Stunden-Fußtour – Dauer im Pkw 90 Minuten – beginnt am Städtischen Stadion, in dem bei Reichsparteitagen Adolf Hitler „jedem der Hitler-Jungen ins Auge blicken" wollte, führt zum Zeppelinfeld, wo die NSDAP ihre ritualisierten Massenfeste inszenierte. Rund eine Stunde dauert der Rundgang im „Goldenen Saal", wo die Ausstellung „Faszination und Gewalt" gezeigt wird.

Weitere Stationen der Walkman-Tour sind der Dutzendteich, der Luitpoldhain, die Kongreßhalle und die Große Straße. Dort sollten Hitlers Truppen paradieren. Die Tour endet, wo auch das 3. Reich endete: am Silberbuck, der aus Nürnbergs Schutt und Trümmern angehäuft ist.

Hartnäckig: Hubert Sachs aus Bamberg wollte sich vom Walkman über Nürnbergs braune Vergangenheit informieren lassen und brauchte dazu viel Geduld.
Fotos: Uschi Sondermann

Nürnberg 1933–1945: Noch immer steht der Name der Stadt untrennbar mit den Reichsparteitagen der Nazi-Herrscher in Verbindung.

Ein Würstchenverkäufer hilft bei der Besichtigung

Für Nürnbergs Vergangenheits-Bewältigung mit dem Dritten Reich ist der Würstchen-Verkäufer Walter Dirnsberger einer der wichtigsten Leute: „Ich erkläre halt so nebenbei täglich einigen hundert Touristen, wo der Hitler stand, wo der Eingang zur NS-Ausstellung ist und daß die nur ab 14 Uhr offen hat, daß es die Prospekte für das Reichsparteitagsgelände im Verkehrsbüro am Hauptmarkt gibt, daß die Kongreßhalle nie fertig wurde und so weiter", erzählt der Kiosk-Besitzer.

Sein Verkaufsstand steht direkt am Noris-Ring, zwischen dem Dutzendteich und der Zeppelin-Tribüne. Hubert Sachs (39) stammt aus Bamberg und erfuhr vom Würstchenverkäufer, daß ab 14 Uhr die NS-Ausstellung geöffnet ist. „Mich wundert stark, daß ich nirgends einen Hinweis fand", erklärte der Bamberger, der gut vorbereitet nach Nürnberg kam, dem AZ-Reporter.

Hubert Sachs hatte erfahren, daß es über das ehemalige Reichsparteitagsgelände eine akustische Führung gibt, mit der man mit dem Walkman in Nürnbergs braune Vergangenheit starten kann. Die Kassetten bekam er bei Rolf Peifer, dem Pächter des Nürnberger Camping-Platzes.

„So an die 70mal verliehen wir die Kassetten bisher", berichtet Rolf Peifer der AZ. Zwölf Stück hat er zur Verfügung, dazu vier Leih-Geräte. „Die Nürnberger sollen halt ein eigenes Gerät mitbringen", bittet er, „damit wir unsere Leih-Geräte für die Camping-Gäste zur Verfügung haben."

Produziert wurde die vom Historiker Sigi Zelnhofer hervorragend zusammengestellte Vier-Stunden-Tour per Walkman durch die braune Vergangenheit von Nürnbergs Verkehrsverein. „Denn diese braune Vergangenheit ist für viele ein Thema, dem sich der Symbolort für die Geschichte des Nationalsozialismus, also Nürnberg, stellen muß", erklärt Michael Weber, Chef des Verkehrsvereins.

Wo sich Nürnberg, gemäß dem Willen der Stadtratsmehrheit, dieser Zeit stellt, nämlich im „Goldenen Saal" der Zeppelin-Tribüne, ist diese Kassetten-Führung freilich nicht zu haben. Ohnehin sieht diese Ausstellung nur, wer Glück hat. Sie ist nur von Mittwoch mit Sonntag von 14 Uhr bis 18 Uhr – und das nur im Sommer – geöffnet! Denn gemäß dem Willen des Stadtrates stehen zur Aufsicht nur drei Kräfte mit je 24 Stunden Wochenarbeitszeit zur Verfügung. Diese Arbeitsbeschaffungs-Maßnahme (ABM) zahlt die Bundesanstalt für Arbeit. Bestens ausgestattet sind am Goldenen Saal dagegen die Toiletten! Sie werden jedoch hauptsächlich beim Noris-Ring-Rennen gebraucht ...

Zwar schafften es die Ausstellungs-Macher des Goldenen Saales bisher nicht, sich diesen Walkman-Rundgang zu verschaffen, dafür steht eine andere Verbesserung ins Haus: Seit zwei Jahren sind ihnen seitens „Info-Türme" versprochen.

So ein „Info-Turm" wird täglich vor die Türen des „Goldenen Saales" geschoben. Er weist dann auf die Ausstellung „Faszination und Gewalt" hin – aber eben nur, wenn sie geöffnet hat.

Bemüht sich: Rolf Peifer, Platzwart des Nürnberger Campingplatzes.

Dürftig: Nur nachmittags ist die Ausstellung geöffnet. Nur wer Glück hat, findet überhaupt den Eingang, vor dem ein „Info-Turm" steht.

Einziger Hinweis: Die Fotokopie an der Türe wirbt für die Führung.

Kommentar

An jedem dritten Haus der Nürnberger Altstadt hängen Bronzetafeln. Darauf steht, daß da ein Dürer, Goethe, Schiller, Luther, oder Kaiser geboren wurde, wohnte, starb oder eben mal nur übernachtet hat. Information ist eben alles, noch dazu wenn es dem höheren Ruhme dient.

Dazu taugt das ehemalige Reichsparteitagsgelände nicht. Aber es steht in Nürnberg und wird da noch lange stehen. In den Monaten Oktober bis Juli erfährt der Tourist dort absolut nichts, im Sommer nur, wenn er Glück hat.

Dabei gibt es sehr gute Ansätze: Die Broschüre „Nürnberg 1933 bis 1945" und auch die „Walkman-Tour". Nur muß der Tourist guten Willens sein und eine gute Nase mitbringen, um diese Hinweise, inclusive Ausstellung, überhaupt zu finden.

Beim großen Engagement, mit dem sich Nürnbergs Stadträte dem Thema dankenswerterweise widmen, war es sicher nur ein Versehen, für die nötige Information und die umfassende Aufklärung kein oder zu wenig Geld bereitzustellen.
st

- Anzeige -

Spitzenreiter für Ferien-Ausflüge

Das Freizeit-Land Geiselwind, direkt an der Autobahn Nürnberg–Würzburg, Bayerns meistbesuchter Freizeit- und Erlebnispark (Stiftung Warentest 7/84: Bestnote gut/sehr gut) ist der Spitzenreiter für einen gelungenen Tagesausflug in den Ferien! Tiere, Technik und Unterhaltung für jung und alt sind die Hauptthemen dieses außergewöhnlich konzipierten Ausflugszieles, das durch seinen Attraktionsreichtum unterdessen europaweit bekannt ist. Neben den neuen Flugvorführungen mit Greifvögeln überrascht das Freizeit-Land Geiselwind mit erstklassigen Zirkus-Shows, u.a. mit den ZDF-Stars aus Ronnys Pop Show in Adrians Schimpansen-Revue.

AZ-Interview ▶ Das meinen die Touristen

Monika Belitz, (29), aus Stuttgart: „Ich wußte bisher nicht, daß es außer in Berlin auch noch in Nürnberg einen Reichstag gab. Das war wohl der Rundbau da drüben. Aber es wäre schon nicht schlecht, wenn an den ganzen Gebäuden Schilder wären, damit man weiß, was mit denen mal los war." (In Nürnberg stand nie ein Reichstag, die Touristin vermutete jedoch, der habe in der Kongreßhalle getagt. st)

Armin Kruschwitz, (30), aus Weinstadt: „Über die Reichsparteitage weiß ich noch einiges aus dem Geschichtsunterricht, aber heute bin ich zum ersten Male bewußt auf dem Gelände. Ich vermute halt, daß die hier stattgefunden haben, schließlich stehen wir auf dem Zeppelinfeld. Allerdings sah ich keinerlei Hinweise auf das Gelände, geschweige denn eine Erklärung der Einzelbauten."

Walter Scheppach, (47), aus Weißenfeld: „Ich war von 1960 bis 1962 als amerikanischer Soldat hier in den Merrell-Barracks stationiert. Damals sah das Gelände noch anders aus, die Tribüne und die Märzfeld-Türme standen noch. Allerdings hätte ich heute Schwierigkeiten gehabt, das Gelände überhaupt zu finden, wenn ich nicht gewußt hätte, es liegt neben dem Stadion. Denn das ist beschildert."

Heidi Schepach, (37), aus Weißenfeld: „Erstens hätte ich zwar ohne meinen Mann das Gelände nicht gefunden, und zweitens weiß man nicht recht, was das Ganze eigentlich sollte. Dabei gehört doch auch diese Zeit zu unserer Geschichte. Und deshalb sollte man erklären, was die einzelnen Bauten bedeuteten. Da gehören Schilder oder Tafeln hin, oder irgendein Informations-Stand."

Walter Ruggaber aus Bamberg: „Ich stelle nur fest, daß an jedem Haus, in dem Goethe einmal übernachtete, riesige Tafeln hängen, eine Aufklärung über das 3. Reich aber nicht einmal an seinen Schauplätzen vollständig stattfindet. Die ständige NS-Ausstellung im Goldenen Saal konnte ich nur deshalb sehen, weil ich zufällig nicht montags und dienstags hier bin."

Johannes Gommers, (41), aus Goirle, Niederlande: „Wir wissen nur, daß hier die Hitler-Aufmärsche waren, so eine Art Volksfest. Wir sind zum erstenmal in Nürnberg und da müssen wir uns das natürlich ansehen. Ich würde gerne mal in diesen riesigen Rundbau rein. Aber leider gibt es ja nicht mal eine Information."

Interviews: Gerhard Stapf
Fotos: Uschi Sondermann

Dem Tourismus, insbesondere der fehlenden Information auf dem Gelände, widmet die Abendzeitung bereits Mitte der 1980er Jahre eine ganze Seite.
Abendzeitung Nürnberg, 1987.

Nürnberg
1933–1945

> Die Touristen sind das größte Problem von Ernst Maier (53), der im Auftrag des städtischen Liegenschaftsamtes eine Art Hausmeister für das einstige Parteitagsgelände ist. (Maier: „Jahr für Jahr kommen Tausende Touristen zu mir, um sich den Rundbau und das ganze Gelände zeigen zu lassen. Engländer, Holländer und Franzosen, vor allem aber Amerikaner, die auf Hitlers Spuren wandeln wollen. Die sprechen mich überall an. Aber es fällt mir leicht, mit den Schultern zu zucken, denn ich verstehe tatsächlich keine Fremdsprache. Nur manchmal, wenn Generäle und Admiräle kommen, offiziell, dann springe ich als Fremdenführer ein."

„Die Touristen sind das größte Problem" meint der Verwalter der Kongresshalle, und berichtet 1971 bereits von Tausenden Touristen, die das „ganze Gelände" sehen wollen.
Abend-Blatt, 1971.

1977 beginnt ein langsames Umdenken: Das Reichsparteitagsgelände ist als „beliebter Besichtigungsort" akzeptiert, die Stadt will aber mit einer Informationsbroschüre der befürchteten „Sensationsgier" vorbeugen. Das Heft erscheint bis Mitte der 1990er Jahre in mehreren Auflagen.
Informationsbroschüre, Dokumentationszentrum Reichsparteitagsgelände, 1977/1995.

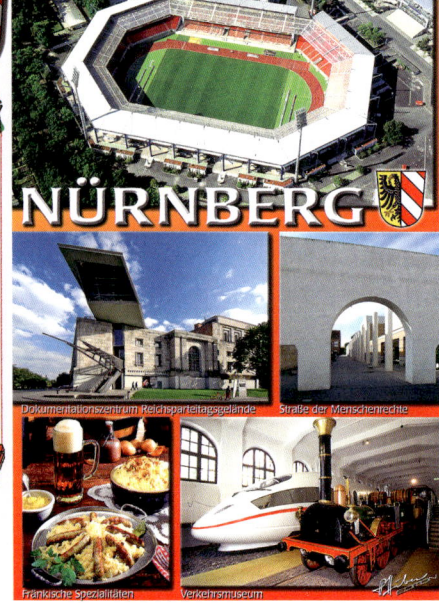

Die touristische Anziehungskraft des Geländes bleibt der Branche nicht verborgen: Ansichtskarten mit Motiven des Geländes sind mit dokumentarischen Motiven, aber auch in bizarren Zusammenstellungen von beispielsweise „Fränkischen Spezialitäten" und Dokumentationszentrum erhältlich.
Postkarten mit Motiven des ehemaligen Reichsparteitagsgeländes, Privatbesitz, 2008/o.D.

Seit den 1980er Jahren gibt es Rundgänge über das Reichsparteitagsgelände. 2008 kommen Schiffstouristen aus Übersee hinzu. 2015 reist mehr als ein Zehntel der Besucher zwischen Mai und Oktober per Schiff an.
Alltägliche Szene auf der Zeppelintribüne, Dokumentationszentrum Reichsparteitagsgelände/ Stephan Minx, 2009.

Heute ist „Nürnbergs verpflichtende Vergangenheit" ein fester Bestandteil des offiziellen touristischen Angebotes.
Aus dem Katalog „Reiseerlebnisse" der Congress- und Tourismus Zentrale Nürnberg, 2015.

141

Architektur setzt Zeichen

Dokumentationszentrum Reichsparteitagsgelände
2001 | 2015

„Das Dokumentationszentrum […] ist ein beispielgebendes Projekt für die Erinnerungskultur in Deutschland. Ja, es ist über die nationalen Grenzen hinweg von internationaler Bedeutung."
Paul Spiegel, Präsident des Zentralrats der Juden in Deutschland, November 2001.

2001 Eröffnung | 2002 „Silver Otter" als weltbeste Tourismuseinrichtung |
2004 Große Ausstellungshalle | 2008 Ausstellung „BilderLast" |
2010 Ausstellung „Das Gleis" | 2012 Ausstellung „Entrechtet. Entwürdigt.
Beraubt." | 2013 Ausstellung „WortGewalt" | 2014 Mediale Präsentation
„Sommer Vierzehn"

Am 4. November 2001 eröffnet in der denkmalgeschützten Kongresshalle das Dokumentationszentrum Reichsparteitagsgelände. Architekt Günther Domenig setzt den modernen Bau mit markanten Architekturzeichen, einem Schnitt quer durch das Gebäude sowie dem schrägwinkeligen Aufbau des Studienforums, bewusst gegen die monumentale Strenge der NS-Architektur.

Die ganzjährig geöffnete Dauerausstellung dechiffriert in sieben Sprachen die baulichen Hinterlassenschaften der Nationalsozialisten und ordnet das Ereignis Reichsparteitag in das System des Nationalsozialismus ein. Dabei respektieren die Ausstellungsmacher um Projektleiter Hans-Christian Täubrich den Exponatcharakter der Kongresshalle und beziehen ihn als gestalterisches Element in die Darstellung ein. Tagungen, Vorträge, Veranstaltungen und ein umfangreiches Bildungsprogramm komplettieren das Angebot.

→
Der Schnitt durch die Fassade für den künftigen Eingang des Dokumentationszentrums legt das hinter dem Granit liegende Ziegelmauerwerk frei.
Dokumentationszentrum Reichsparteitagsgelände, 2000.

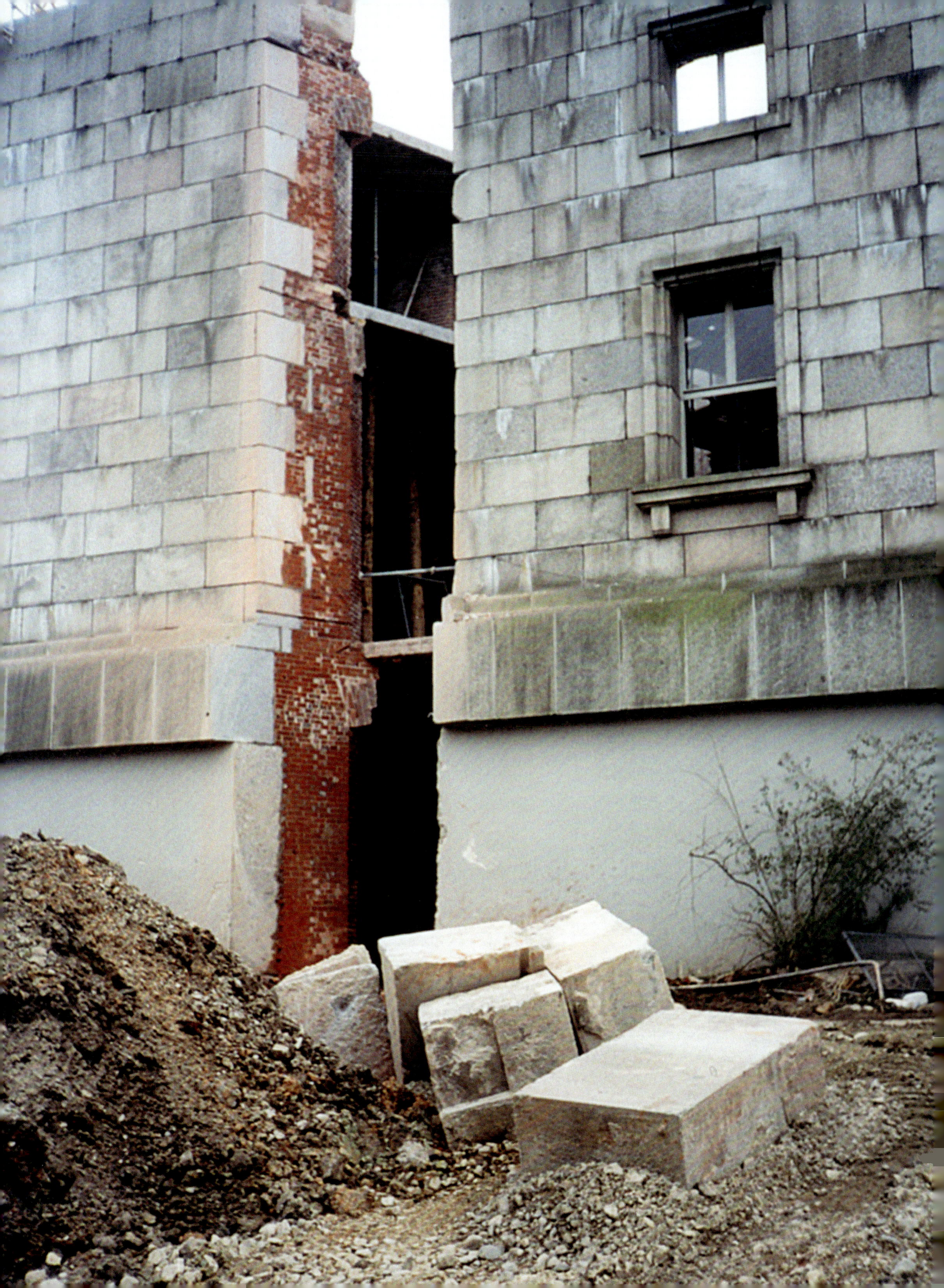

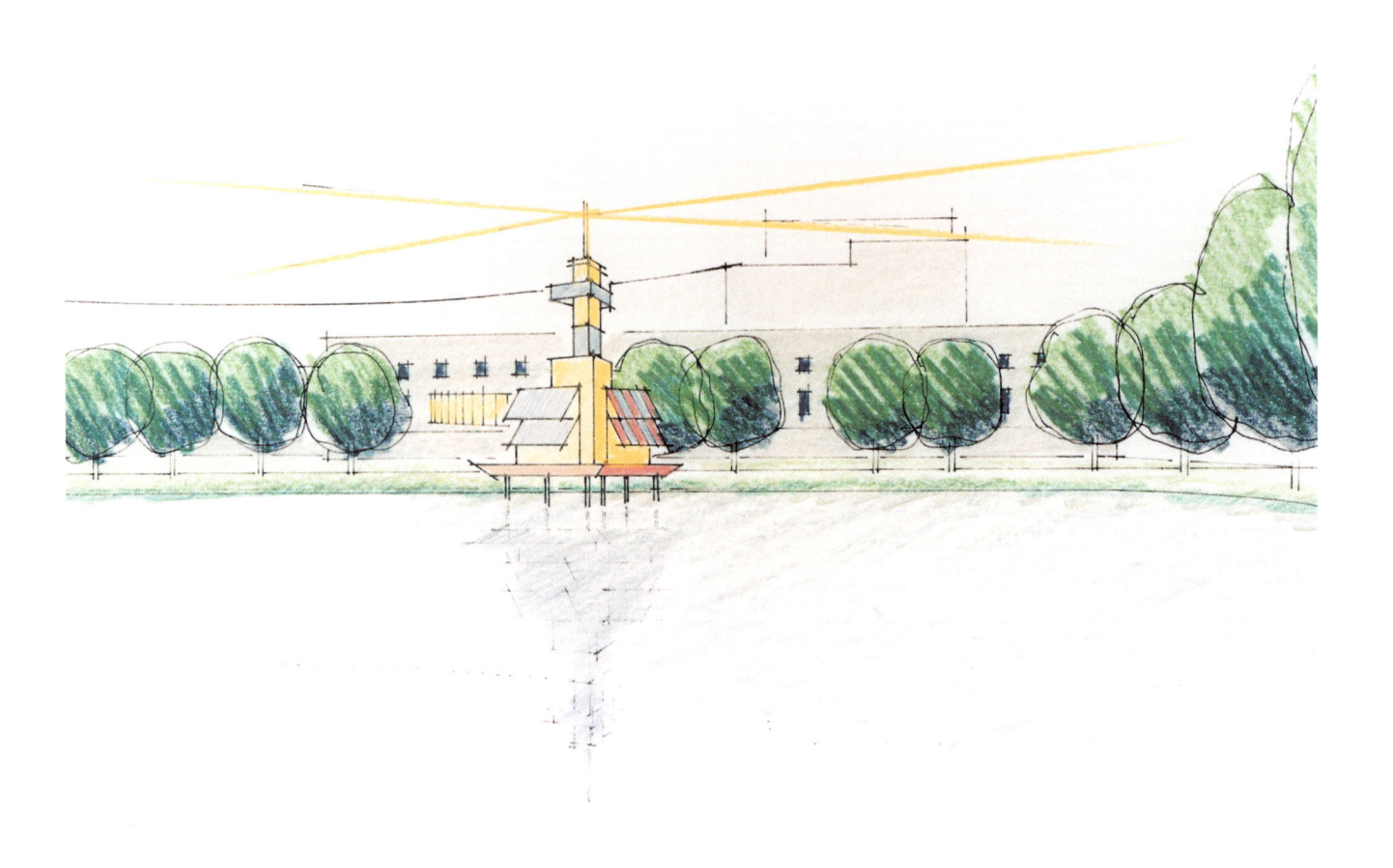

Mit dieser ersten Ideenskizze eines
Ausstellungspavillons wirbt Franz
Sonnenberger, damaliger Direktor der
städtischen Museen, um Zustimmung
für das Projekt Dokumentationszentrum.
Lichtpause s/w handkoloriert, Ambos + Weidenhammer
Architekten, 1995.

Mit großem Aufwand werden die baulichen Vorbereitungen für die 130 Meter lange Pfahlkonstruktion durch das künftige Foyer des Dokumentationszentrums getroffen.
Dokumentationszentrum Reichsparteitagsgelände, 2000.

Statt Grundsteinlegung: Namhafte Vertreter des Bundes, des Freistaats Bayern, der Stadt Nürnberg und der Region Mittelfranken ziehen am 28. Januar 2000 den ersten Stein aus der Fassade.
Dokumentationszentrum Reichsparteitagsgelände/ Fotogruppe Lutz, 2000.

Stahlseile und Sägeblätter wie dieses durchschneiden – auch symbolisch – das meterdicke Mauerwerk der Kongresshalle, um die neuen Einbauten des Dokumentationszentrums zu ermöglichen.
Diamantsägeblatt für Mauerwerk, Dokumentationszentrum Reichsparteitagsgelände, 2000.

147

Museumsdirektor Franz Sonnenberger (re.) und Projektleiter Hans-Christian Täubrich überprüfen den Aufbau der Ausstellung.
Nürnberger Nachrichten, 2001.

Aktuell verzeichnet das Dokumentationszentrum jährlich 235.000 Besucher aus aller Welt.
Besucherandrang vor dem Haupteingang, Dokumentationszentrum Reichsparteitagsgelände, 2011.

„Das Gleis. Die Logistik des Rassenwahns"
setzt neue Maßstäbe in der Ausstellungs-
arbeit des Dokumentationszentrums.
Installation mit Lichtband als Gleis und Namens-
karten von Deportierten nach Auschwitz, Dokumentationszentrum Reichsparteitagsgelände, 2010.

100 Jahre nach dem Ersten Weltkrieg zeigt
das Dokumentationszentrum die mediale
Präsentation „Sommer Vierzehn. Die Geburt
des Schreckens der Moderne".
Rauminszenierung mit Großprojektion,
Dokumentationszentrum Reichsparteitagsgelände/
Stefan Meyer, 2014.

Volkspark Dutzendteich
Freizeit, Sport und Naturschutz
1954 | 2015

„Die Fahne im Bratwurstgeruch aus mobilem Feldgrill hebt sich zum Gruß: Wollt ihr das totale Erlebnis. […] Im Panorama die Führertribüne, ein Schwan auf dem Dutzendteich, Hannes, der unter der Audi-Club-Fahne Bratwürste wendet und nachlegt."
Aus „Naherholungsgebiet Reichsparteitagsgelände" von Martin Droschke, in: Laufschrift. Magazin für Literatur und Kunst 1/1995.

1954 Anlage des Volksparks Dutzendteich | 1959/60 Rückbau der
Luitpoldarena zum Luitpoldhain | 1961 Übergabe des Stadions durch die
US-Army | 1988 Ausweisung von Stadtbiotopen | 2001 Eröffnung der Arena
Nürnberg | 2015 zunehmender Nutzungsdruck durch Veranstaltungen

Seit Jahrhunderten ist der Dutzendteich ein beliebtes Ausflugsziel der Nürnberger, mit Naturerlebnis, Gastronomie und Teichschifffahrt. In den 1920er Jahren wird das Gelände durch den Bau eines Sportparks aufgewertet. An diese Tradition knüpft die Stadt Nürnberg ab den 1950er Jahren an, als das Areal nach Teilabriss der Parteitagsbauten und Neugestaltung als „Volkspark" mit Sportanlagen der Bevölkerung zurück gegeben wird.

    Heute nutzen Spaziergänger, Skater und Jogger die Wege. Sportplätze und Gewässer bieten Übungsfläche für zahlreiche Nürnberger Sportvereine. In den 1988 zum Stadtbiotop erklärten Zonen leben selten gewordene Tiere. Zahlreiche organisierte Veranstaltungen belasten jedoch zunehmend die individuelle Freizeitnutzung und Erholungsfunktion des Geländes.

→
Der Dutzendteich ist das einzige stadtnahe Gewässer Nürnbergs, auf dem man Segel- und Rudersport betreiben kann. Für viele Nürnberger ist der Tretboot-Schwan das Symbol schlechthin für Erholung im Nürnberger Südosten.
Tretboot-Schwan, beim Bootsverleih am Dutzendteich, Fotomontage Kommunikationsdesign Martin Küchle, Hintergrundbild Helmut Meyer zur Capellen, 2015/2013.

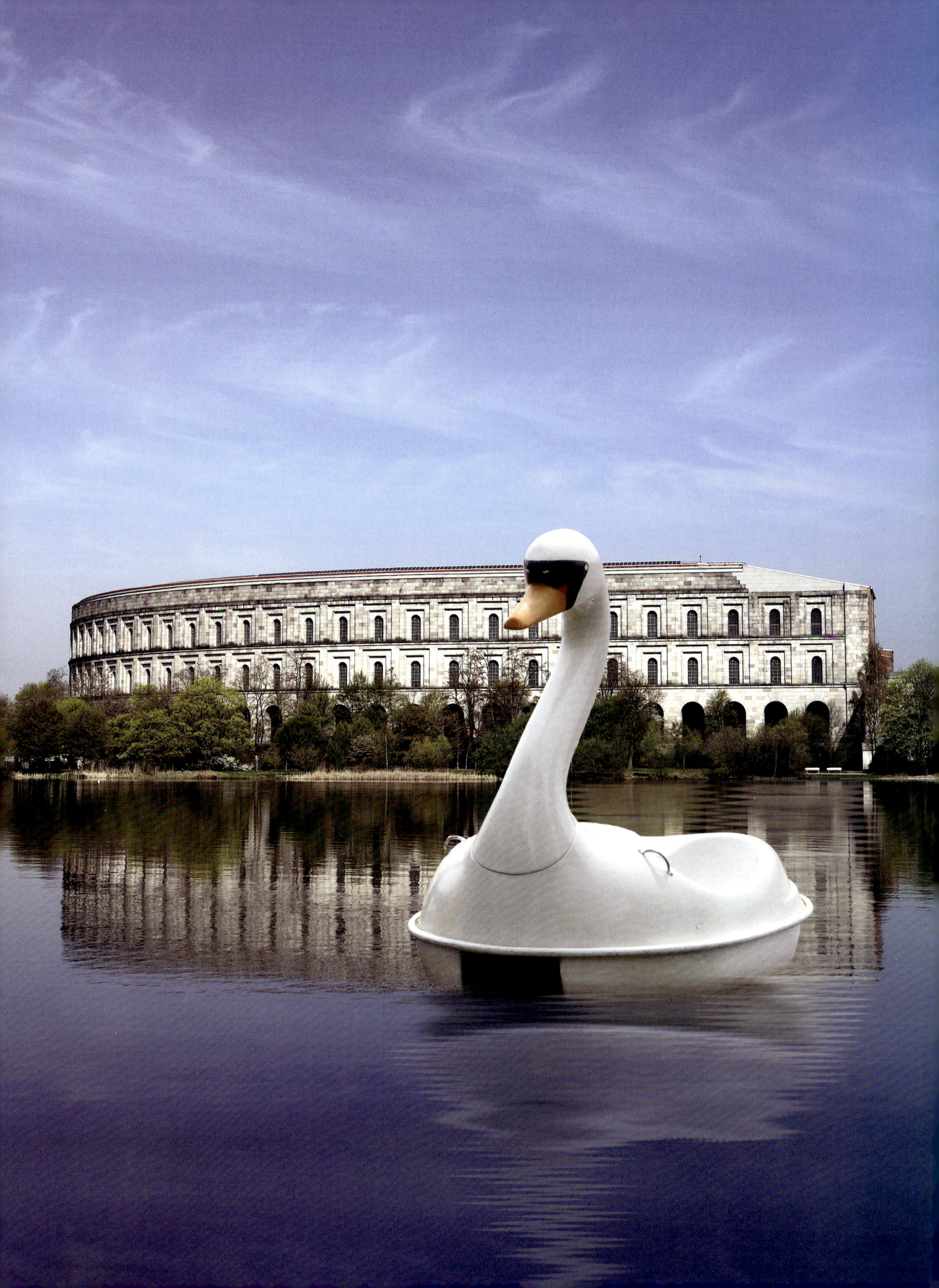

Im Zuge der Erfolge von Boris Becker und Steffi Graf trainieren in den 1980er und 1990er Jahren zahlreiche angehende Tennisprofis an der Rückseite der Zeppelintribüne.
Nürnberger Nachrichten, 1988.

In Massen zieht es die Nürnberger seit Jahrzehnten an schönen Wochenenden zum Grillen auf die Wiesen an den Dutzendteichen.
Nürnberger Zeitung, 1980er Jahre.

Trend-Events und Spaßveranstaltungen wie Color- oder Urbanian-Run beeinträchtigen zunehmend die Naherholung auf dem Gelände.
Color-Run, Fabian Zeußel, 2015.

Ob Brautpaar oder Model – häufig dienen nationalsozialistische Bauten unbekümmert als Kulisse.
Fotoshooting auf der Zeppelintribüne, Sascha Isinger photography, 2011.

Seit 1953 findet das Volksfest zwei Mal im Jahr auf dem Areal des früheren Tiergartens vor der Kulisse der Kongresshalle statt.
Dokumentationszentrum Reichsparteitagsgelände, 2005.

Neues Nationalgefühl: Zur Fußball-WM 2006 feiern Zehntausende Fans friedlich vor der Kongresshalle.
Privatbesitz, 2006.

Das Zeppelinfeld ist Schauplatz unterschiedlichster Veranstaltungen und Versammlungen, die keinerlei Bezug auf den historischen Ort nehmen, von der Zuchtschau für Schäferhunde bis zum VW-Käfertreffen.
Bundessiegerzuchtschau des Vereins für Deutsche Schäferhunde auf dem Zeppelinfeld, Verein für Deutsche Schäferhunde e. V., 2014.

Komplexe Aufgabe
Städtebauliche Gesamtkonzeptionen
2001–2015

„Das Verfahren hat eine Vielzahl von sehr verschiedenen Lösungsansätzen ergeben. […] Mit dem Verzicht auf die Vergabe eines ersten Preises und die Vergabe von zwei zweiten Preisen mit sehr gegensätzlichen Konzepten will das Preisgericht diesen Reichtum der Ansätze dokumentieren."
Preisgerichtsempfehlung, Städtebaulicher Ideenwettbewerb für das ehemalige Reichsparteitagsgelände – Dokumentation, 2001.

2001 Städtebaulicher Ideenwettbewerb für das ehemalige Reichsparteitagsgelände I 2004 Leitlinien zum Umgang mit dem ehemaligen Reichsparteitagsgelände I 2006 Geländeinformationssystem I 2011 Konzeptpapier der Arbeitsgruppe Reichsparteitagsgelände I 2014 Positionspapier Baulust e.V. I 2015 Diskussionsgrundlage für die geschichtskulturelle Auseinandersetzung I 2015 Integriertes Stadtteilentwicklungskonzept

Im Zuge der Bauarbeiten für das Dokumentationszentrum lobt die Stadt Nürnberg 2001 einen internationalen städtebaulichen Ideenwettbewerb aus. Es soll ein funktionales städtebauliches und gestalterisches Konzept für das gesamte Gelände entwickelt werden, das sowohl den historischen Kontext, als auch die vorhandenen Nutzungen durch Messe, Sport und Freizeit berücksichtigt. Keiner der eingereichten Vorschläge überzeugt das Preisgericht vollständig.

2004 stellt der Stadtrat daher fest, dass es „eine für alle Zeiten geltende städtebauliche oder architektonische ‚Gesamtlösung' nicht geben" kann und soll. Auch Nürnberger Vereine bringen neue Impulse in die Diskussion ein. 2015 legt das Dokumentationszentrum eine Diskussionsgrundlage für die künftige geschichtskulturelle Auseinandersetzung vor, parallel dazu erstellt ein integriertes Stadtteilentwicklungskonzept (INSEK) Szenarien für den Nürnberger Südosten.

→
Die Idee, verschiedene Geländeteile mit Lichtinstallationen zu markieren, wird von den Preisrichtern aufgrund großer Ähnlichkeit mit den Inszenierungen der Nationalsozialisten kontrovers diskutiert.
Konzept Franz Häring (Stuttgart) und Roland Rendler (Weilheim/Teck), Ankauf des Städtebaulichen Wettbewerbs, Stadtplanungsamt der Stadt Nürnberg, 2001.

"Subtile Archäologie"

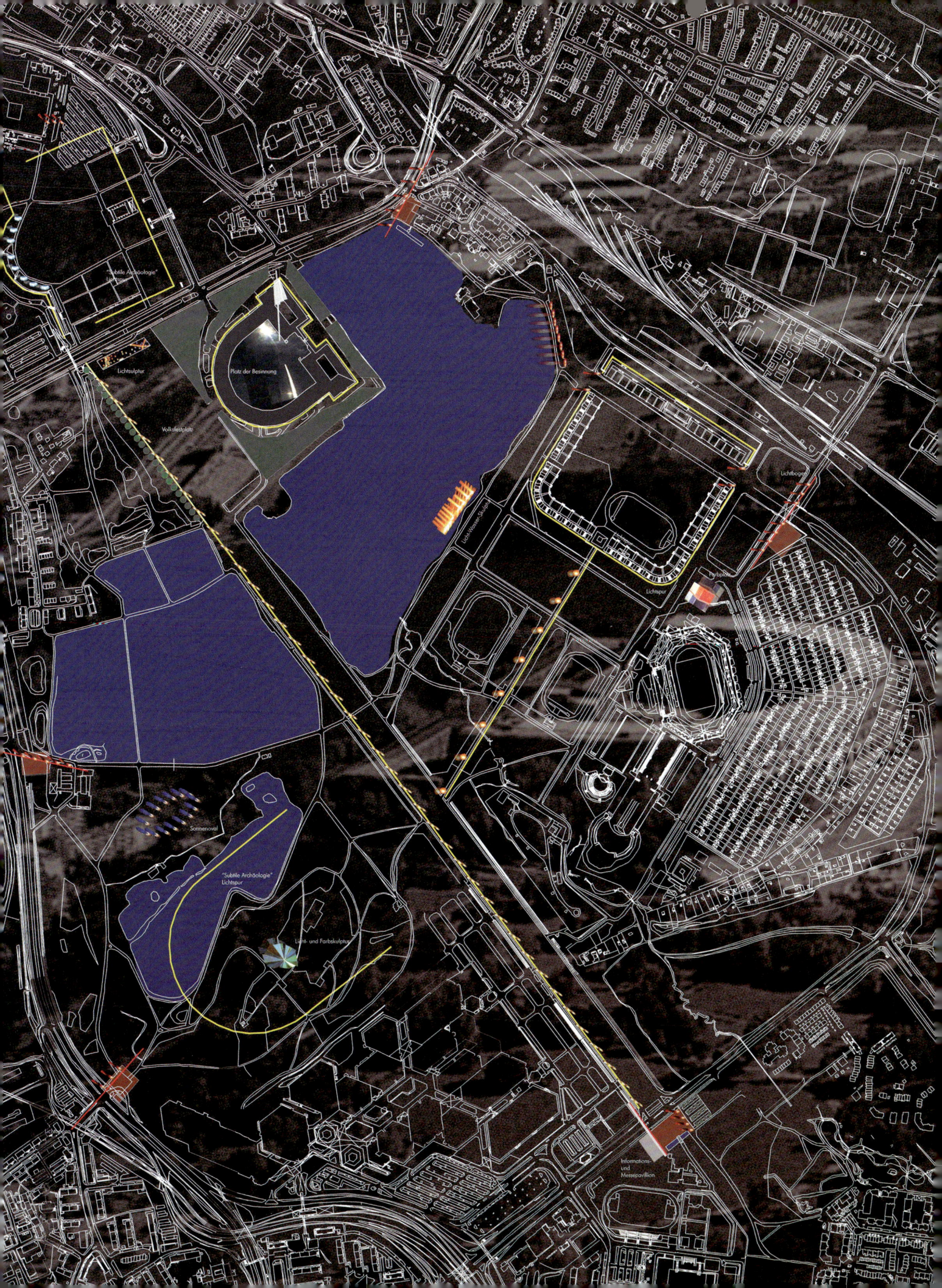

Lichtskulptur

Platz der Besinnung

Volksfestplatz

Lichtspur

Lichtbogen

Lichtspur

Sonnenoval

"Subtile Archäologie"
Lichtspur

Licht- und Farbskulptur

Informations-
und Messepavillon

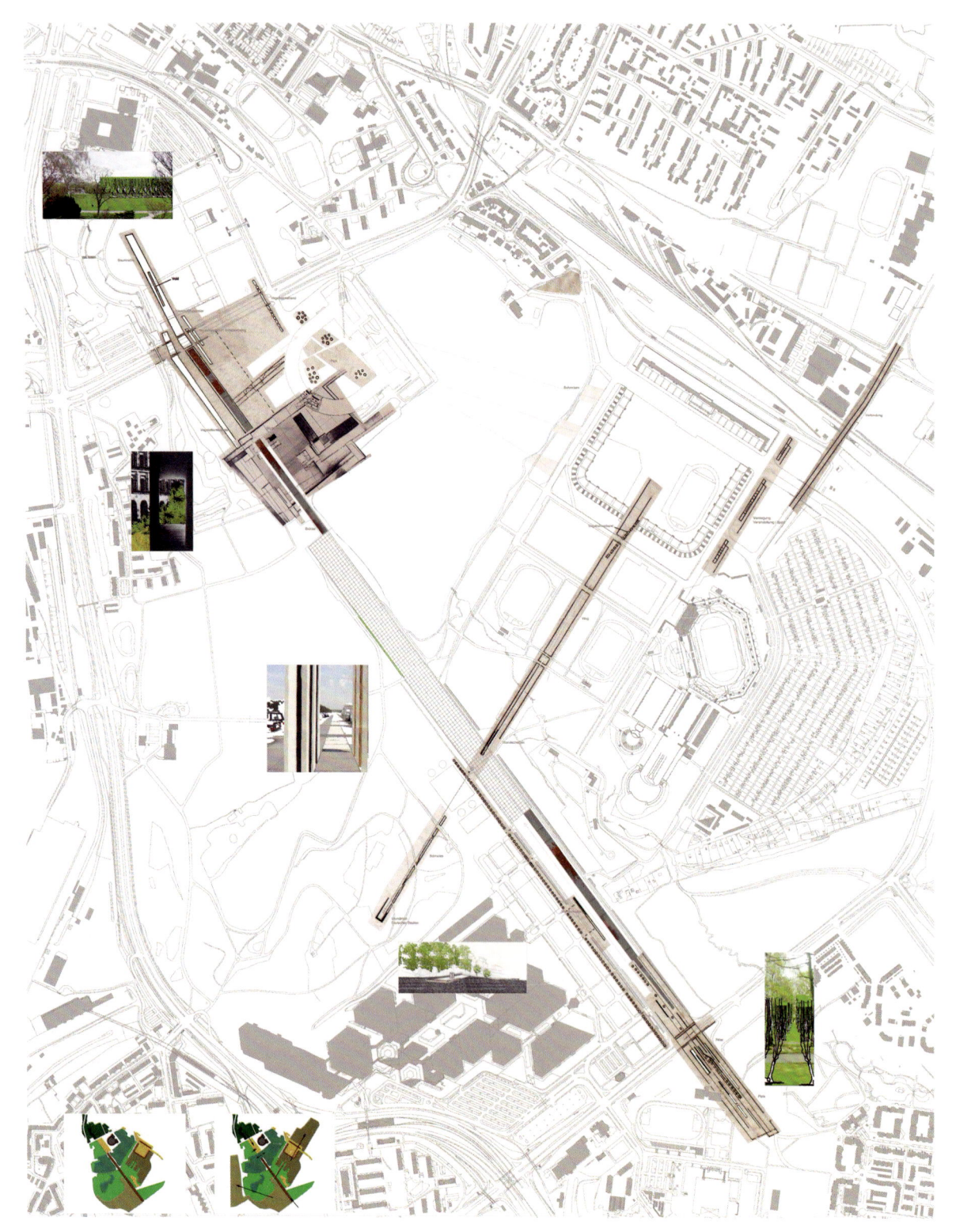

Das Preisgericht bewertet das Konzept als guten „Versuch, durch Störung und Stärkung die historischen Exponate mittels Überhöhung, Isolation und Proportionierung in den geschichtlichen Lauf wieder einzugliedern".
Konzept der Dipl.-Ing. Martina Erbs (Geisenheim) und Martin Stadtler (Frankfurt/M.), zweiter Preis beim Städtebaulichen Wettbewerb, Stadtplanungsamt der Stadt Nürnberg, 2001.

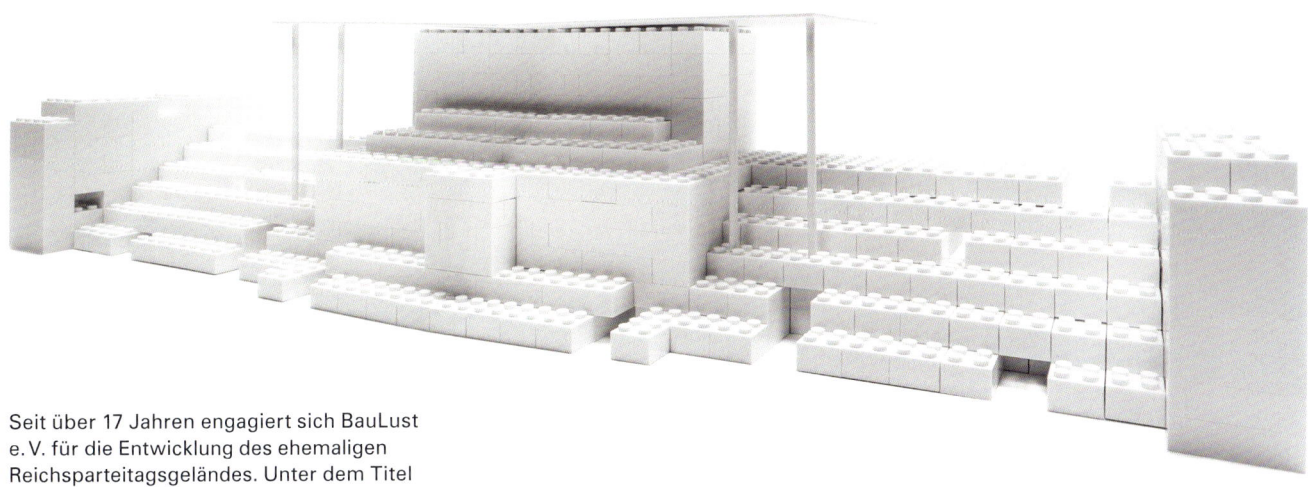

Seit über 17 Jahren engagiert sich BauLust e.V. für die Entwicklung des ehemaligen Reichsparteitagsgeländes. Unter dem Titel „Zeppelintribüne – Null oder Hundert?" erarbeitet der Verein 2014 Denkmodelle zwischen Wiederherstellung und Totalabbruch. Eine ungewöhnliche Lego-Installation der Zeppelintribüne und ein im Februar 2014 veranstaltetes Symposium sollen die verschiedenen Möglichkeiten des Umgangs mit dem Reichsparteitagsgelände zeigen und zur öffentlichen Diskussion anregen.
Lego-Installation (Teilverfall, Erhalt des Mittelteils), Idee BauLust e.V., 2014.

Seit 2006 erschließen zweisprachige Informationstafeln an 23 Standorten den historischen Stadtraum Reichsparteitagsgelände für Passanten, Touristen und historisch Interessierte.
Stadt Nürnberg/Presseamt, 2006.

Bis Ende 2015 soll mit Bürgerbeteiligung ein integriertes Stadtteilentwicklungskonzept (INSEK) für den Nürnberger Südosten entstehen, wichtiger Bestandteil ist dabei das Konzept einer „urbanen Parklandschaft".
Urban Catalyst Studio, Berlin, 2015.

Die Rednerkanzel
Kein gewöhnlicher Ort

„Als ich da oben, auf dieser Zeppelintribüne stand und auf den leeren Aufmarschplatz hinunter geschaut habe, überkam mich ein Gefühl der Unwirklichkeit; ein fast an das Absurde grenzendes Erlebnis. Aber auch ein wenig Stolz und Genugtuung, dass ich an der Stelle stehe, an der Hitler stand und bei den Paraden die Huldigung der Anhänger entgegennahm. Es hat mir gut getan, diesen Platz, ein Symbol des Größenwahns, aber auch der Vergänglichkeit, zu besuchen."
Leon Weintraub, Überlebender des Holocaust, 2012.

Leon Weintraub steht auf der Rednerkanzel der Zeppelintribüne.
Dokumentationszentrum Reichsparteitagsgelände, 2012.

Weder Verfall noch Rekonstruktion

Aktuelle Maßnahmen einer baulichen Sicherung

2004 beschließt der Nürnberger Stadtrat Leitlinien, nach denen die Bauten des Reichsparteitagsgeländes für künftige Generationen als Lern- und Freizeitort erhalten werden sollen. Aktuell befindet sich vor allem das Zeppelinfeld mit der Zeppelintribüne, den Türmen und Wallanlagen in schlechtem Zustand. Besonders die eindringende Feuchtigkeit verursacht große Schäden, die aus Sicherheitsgründen zur Absperrung immer weiterer Flächen zwingen. Eine genaue Analyse der Bauten und des Schadensverlaufs führt 2015 zu zwei Musterflächen, an denen Varianten für eine bauliche Sicherung getestet werden können. Die Ergebnisse dienen als Berechnungsgrundlage der Gesamtkosten, genaue Zahlen werden für 2016 erwartet.

Die Reichsparteitagsbauten sind Teil der deutschen, nicht nur der Nürnberger Geschichte. Deshalb haben die Bundesregierung und der Freistaat Bayern eine finanzielle Beteiligung bei der baulichen Sicherung des Areals in Aussicht gestellt.

Bauliche Sicherung
Musterflächen

Die beiden Musterflächen der aktuellen Baumaßnahmen: Am Turm 8 mit Wallanlage auf dem Zeppelinfeld wird der Umgang mit den Setzungen des Erdreichs getestet und erprobt, wie der Bestand gesichert werden kann. An der Ostseite der Zeppelintribüne geht es um Fragen der statischen Sicherung und der Trittsicherheit der Tribünenanlage.
Hochbauamt Nürnberg, 2014.

„Anders als die einstigen Berliner Ministerien von Göring und Goebbels, die durch den Umbau zu Bundesministerien gleichsam entnazifiziert wurden, […] zeigt die Zeppelintribüne trotz ihrer Verstümmelung […] eindringlich das kleinbürgerliche Protzen, aber auch die dekorative Raffinesse der nationalsozialistischen Diktatur. So muss es bleiben."
Dieter Bartetzko, Frankfurter Allgemeine Zeitung, 2014.

Bauliche Sicherung
Zeppelintribüne

Jahr für Jahr müssen an der Tribüne rund fünf Kubikmeter zerstörten Natursteins entfernt werden.
Schadhafte Kalksteinstufen Zeppelintribüne, Hochbauamt der Stadt Nürnberg, 2014.

Bei den Bauarbeiten an den Musterflächen werden schadhafte Bauteile ausgebaut und noch vorhandene Reste wie Türbeschläge, Stromverteiler, Lampen und Lüftungsgitter gesichert.
Originaleinbauteile aus der Zeppelintribüne, 1930er Jahre.

Eindringendes und im Winter gefrorenes Wasser lässt Steine flächig abplatzen. Deshalb sind viele Reparaturen der Nachkriegszeit heute erneut sanierungsbedürftig.
Presseamt der Stadt Nürnberg/Christine Dierenbach, 2009.

Nach der Entfernung des Bauschutts stützen an zahlreichen Stellen der Zeppelintribüne vorerst Holzkonstruktionen die Decken.
Presseamt der Stadt Nürnberg/Christine Dierenbach, 2009.

Der Bauunterhalt für die Zeppelintribüne soll mit dem Teilabriss in den 1960er und 1970er Jahren deutlich reduziert werden. Bei den regelmäßigen Begehungen werden ab 2007 jedoch massiv zunehmende Schäden festgestellt, daher wird 2008 der Sprengschutt von 1967 aus dem Inneren der Tribüne entfernt. Nun zeigt sich das volle Ausmaß des Verfalls. An den Musterflächen testet das Hochbauamt verschiedene Versionen der Überdachung, der Natursteinsanierung und der baulichen Sicherung der Fassaden. Es soll so viel Originalmaterial wie möglich erhalten werden.

    Das Innere der Tribüne soll nach Abschluss der Baumaßnahmen kontrolliert be- und entlüftet werden, gesteuert durch eine Regelungstechnik in Abhängigkeit von der Außenluft. So soll die komplett durchfeuchtete Konstruktion nach und nach getrocknet werden.

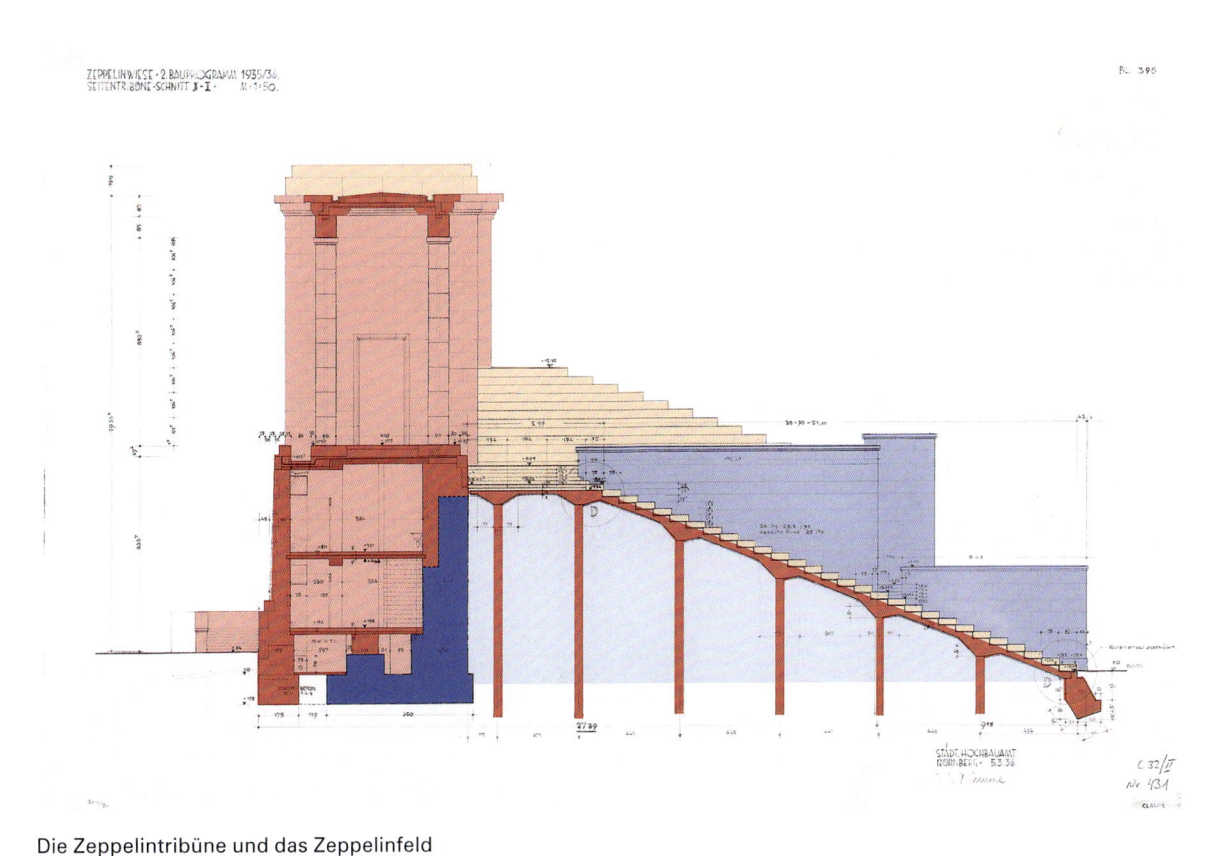

Die Zeppelintribüne und das Zeppelinfeld stehen auf einer früheren Turnwiese mit Wallanlage aus den 1920er Jahren. Zwischen 1934 und 1937 wird die Zeppelintribüne zwischen den jährlichen Parteitagen stetig erweitert. Das damalige hektische und improvisierte Bauen erschwert wegen der nicht homogenen Konstruktion heute eine bauliche Sicherung.
Stadtarchiv Nürnberg, 1936 / Barthel & Maus – Beratende Ingenieure GmbH, 2014.

Bauliche Sicherung
Zuschauerwälle

1936 sind die Wallanlagen des Zeppelinfeldes weitgehend fertiggestellt.
Dokumentationszentrum Reichsparteitagsgelände,
1936.

In einem Bereich von etwa zwanzig Metern
Breite wird versucht, das vorhandene
Material zu verdichten. Auch andere
Varianten des Umgangs mit den Setzungen
werden erprobt.
„Bigpacks" zur Beschwerung der Wallanlage, Doku-
mentationszentrum Reichsparteitagsgelände, 2015.

Die Wallanlage des Zeppelinfeldes ist bei den Reichsparteitagen für das allgemeine Publikum vorgesehen. Hier gibt es lediglich, wie in damaligen Stadien üblich, Standstufen aus Erde mit Grasbewuchs, gehalten durch Kantsteine.

Schon bei der Erbauung wird die Wallanlage nicht hinreichend verdichtet, deshalb setzt sich das Material an der Wallkrone bis heute um fast einen Meter. Ein spezielles Pflegekonzept soll den Bewuchs deutlich verringern.
Es ist vorgesehen, einen Teil des Zeppelinfeldes und der Wallanlage für die Besucher dauerhaft zu öffnen.

Bewuchs verdrückt Betondielen auf den Wallanlagen und verhindert eine sichere Begehbarkeit. Um angrenzende Stützwände besser auf Schäden untersuchen zu können, werden einige Begrenzungssteine der Zuschauertribünen auf den Wällen zeitweise entfernt.
Helmut Wiegel/Landschaftsarchitekt, 2014.

Deutlich sichtbar wird die Sackung der Wallinnenseite bei den nach 1945 eingebauten, sich nun durchbiegenden Tribünensitzen.
Helmut Wiegel/Landschaftsarchitekt, 2014.

ErfahrungsRaum
Perspektiven der Auseinandersetzung mit dem Gelände

2015 ist erneut eine Zäsur im Umgang mit dem Areal erkennbar: Das Konzept des ErfahrungsRaums erweitert das bereits bestehende Informationsangebot. Intuitive Zugangswege verstärken die Wahrnehmbarkeit der zentralen Geländebereiche. Unterschiedliche Medien und geöffnete Blickachsen vermitteln einen Eindruck von der Raumwirkung der damaligen Massenveranstaltungen. Der direkte Vergleich von Geschichte und Gegenwart vor Ort ermöglicht eine innovative Auseinandersetzung mit der Symbolkraft der nationalsozialistischen Bauten.

Geschichtsvermittlung und bauliche Sicherung sind schon heute wichtige Bestandteile des bewussten Umgangs mit dem Gelände. Für die Zukunft ist vorgesehen, die Orientierung auf dem Areal zu verbessern und bislang unzugängliche Bereiche für die Öffentlichkeit zu erschließen. Ein Gesamtkonzept zur Nutzung soll auch die Möglichkeiten der künstlerischen Auseinandersetzung sowie die vielfältigen Anforderungen von Sport und Freizeit integrieren.

Die künftige Gestaltung des ErfahrungsRaumes Reichsparteitagsgelände sieht „Sehepunkte" vor, die dem Besucher an markanten Stellen des Rundgangs neue Blicke und Räume öffnen sowie die sinnliche Wahrnehmbarkeit des historischen Schauplatzes verstärken. Historisches Bildmaterial vor Ort ermöglicht den Vergleich zur heutigen Situation und verstärkt so die räumliche Wirkung.
„Appell der Politischen Leiter" auf dem Zeppelinfeld, hierbei wird die gleiche Perspektive wie die des heutigen Besuchers vor Ort gezeigt, bpk/Lala Aufsberg, 1938, Dokumentationszentrum Reichsparteitagsgelände/Stefan Meyer, 2015.

Mehrwert: Der Abbau von Barrieren sowie die bauliche
Sicherung von Tribünenteilen stellen die zeitgenössische
Raumsituation mit entsprechenden Blickbezügen
wieder her und eröffnen der Bevölkerung neue Chancen
zur individuellen Aneignung des Zeppelinfeldes.
Animation, ghostart, 2015.

NS-Großanlagen
Fallbeispiele in Deutschland

Zahlreiche Gebäude und Ensembles aus der Zeit von 1933 bis 1945 stehen heute noch als Zeugnisse des Nationalsozialismus in ganz Deutschland. Orte der Konzentrationslager sind inzwischen als Gedenkstätten gestaltet, um die Würde der Opfer zu wahren. Dagegen gilt es, bei anderen NS-Bauten und Versammlungsstätten deren historische Bedeutung und die weitere Verwendung im Einzelfall zu prüfen

Für das Reichsparteitagsgelände ist in einem jahrzehntelangen Prozess eine schlüssige Mischform von Nutzungen entstanden, die den historischen Ort entsprechend berücksichtigt. Andernorts steht dieser Klärungsprozess teilweise noch aus. Beispiele des aktuellen Umgangs mit nationalsozialistischen Großanlagen in der Bundesrepublik Deutschland helfen, die Nürnberger Diskussion in einen gesamtdeutschen Kontext einzuordnen.

Königsplatz München
Ab 1933 lässt Hitler den Königsplatz durch Paul Ludwig Troost zu einem Aufmarschplatz und einer Kultstätte für die Toten des Hitler-Putsches umgestalten. Die US-Armee sprengt 1947 zwei dafür gebaute Ehrentempel, die Sockel werden 1956 begrünt. Der Königsplatz wird 1988 wieder weitgehend in den Zustand vor der NS-Zeit versetzt. Heute bildet der weiße Würfelbau des neuen NS-Dokumentationszentrums am ehemaligen Ort des „Braunen Hauses" einen architektonischen Gegenentwurf zu den umgebenden neoklassizistischen NS-Bauten.
NS-Dokumentationszentrum München/Jens Weber, 2015.

KdF-Seebad Prora/Rügen
Prora, das unvollendet gebliebene KdF-Seebad an der Ostseeküste, ist zu Zeiten der DDR militärisches Sperrgebiet. Der „Koloss" aus ca. 4,5 Kilometer aneinandergereihten baugleichen Häuserblocks ist die größte geschlossene NS-Anlage neben dem Reichsparteitagsgelände. Obschon 1992 unter Denkmalschutz gestellt, verwerten seit 2004 Investoren die Bauten kommerziell und bauen sie unter anderem zu Ferienwohnungen und Freizeitanlagen um. Die langfristig nicht gesicherte Dauerausstellung MACHTUrlaub dokumentiert die Bau- und Nutzungsgeschichte der Anlage und zeigt deren Bedeutung im Propagandasystem der Nationalsozialisten.
Dokumentationszentrum Prora/Martin Kaule, 2014.

NS-Ordensburg Vogelsang/Eifel
In der Eifel wird von 1934 bis 1936 die „Ordensburg" Vogelsang als Schulungsstätte für Führungskräfte der NSDAP errichtet. Im Krieg teilweise durch Luftangriffe zerstört, wird das gesamte Areal nach 1945 zunächst als englischer, dann als belgischer Truppenübungsplatz genutzt. Seit 2006 ist die unter Denkmalschutz stehende Anlage im Naturpark Eifel der Öffentlichkeit zugänglich. Ende 2015 öffnet rund um den historischen „Adlerhof" das neue Forum Vogelsang mit einem Ausstellungs- und Bildungszentrum.
Fotovisualisierung „Das neue Forum Vogelsang 2015", Vogelsang IP | Mola + Winkelmüller Architekten, 2011.

Gauforum Weimar
Zwischen 1937 und 1943 wird in der Weimarer Jakobsvorstadt das Gauforum mit der „Halle der Volksgemeinschaft" und einem Glockenturm errichtet. Zu DDR-Zeiten beziehen verschiedene Bildungseinrichtungen die bis dato leer stehenden Räume, 1990 das Thüringer Landesverwaltungsamt. In der Halle befindet sich seit 2005 ein Einkaufszentrum. Eine Ausstellung im Turm dokumentiert die Geschichte des Komplexes, dessen Fassaden 2011 mit unterschiedlicher Farbgebung saniert werden, um den Forumscharakter des Denkmals aufzubrechen.
Weimar GmbH/Maik Schuck, 2015.

Olympiastadion Berlin
1936 inszenieren die Nationalsozialisten die Olympischen Spiele in dem eigens errichteten Stadion. Nach einer oberflächlichen Entnazifizierung im Inneren ab 1957 wird der von den Briten 1947 gesprengte Glockenturm 1962 nahezu ohne Diskussion wieder aufgebaut. Vor der Fußball-WM 2006 erfolgt die Sanierung in eine multifunktionale Arena in Abstimmung mit dem Denkmalschutz. Trotz einiger Informationstafeln bleibt die Wirkung der NS-Architektur unverkennbar. Noch immer prägen zahlreiche Skulpturen und andere bauliche Elemente der Zeit den Raum um das Stadion.
Leo Seidel/Wolfgang Reihe, 2010.

Reichserntedankfest auf dem Bückeberg bei Hameln
Auf dem Bückeberg findet von 1933 bis 1937 alljährlich das „Reichserntedankfest" statt. Nach 1945 werden technische Ausstattung und Aufbauten geplündert. Der von Albert Speer gestaltete Festplatz selbst bleibt aufgrund der Nutzung als Schafweide komplett erhalten, der erhöhte Mittelweg ist bis heute deutlich erkennbar. Erst seit 2011 steht dieser bedeutende NS-Kultort unter Denkmalschutz, die Häuser am Rand stammen aus den 1980er Jahren. Mittelfristig sollen ein Rundweg und eine Dokumentationsstätte über die Ortsgeschichte informieren.
Privatbesitz, 2008.

Literaturhinweise zum Reichsparteitagsgelände nach 1945

Bauernfeind, Martina/Windsheimer, Bernd: Langwasser. Geschichte eines Stadtteils, Nürnberg 2007.

Christmeier, Martina: Besucher am authentischen Ort. Eine empirische Studie im Dokumentationszentrum Reichsparteitagsgelände, Idstein 2009.

Dietzfelbinger, Eckart: Der Umgang der Stadt Nürnberg mit dem früheren Reichsparteitagsgelände, Nürnberg 1990.

Dietzfelbinger, Eckart/Liedtke, Gerhard: Nürnberg – Ort der Massen. Das Reichsparteitagsgelände. Vorgeschichte und schwieriges Erbe, Berlin 2004.

Dietzfelbinger, Eckart: Reichsparteitagsgelände Nürnberg. Restaurieren – Nutzen – Vermitteln, in: Durth, Werner: Architektur und Städtebau der 30er/40er Jahre. Ergebnisse der Fachtagung in München, 26.–28. November 1993, des Deutschen Nationalkomitees für Denkmalschutz, Bonn 1994, S. 64–73.

Gregor, Neil: Haunted City. Nuremberg and the Nazi Past, New Haven/London/Yale 2008.

Heigl, Peter: Die US-Armee in Nürnberg auf Hitlers „Reichsparteitagsgelände", Nürnberg 2005.

Katheder, Doris/Weiß, Matthias (Hrsg): Jenseits der Faszination? Die Ausstellung zum Nationalsozialismus in der Nürnberger Zeppelintribüne 1984–2001. Mit Fotos von Regina Maria Suchy, Würzburg 2013.

Kunsthalle Nürnberg (Hrsg.): Das Gelände, Nürnberg 2008.
Macdonald, Sharon: Difficult Heritage. Negotiating the Nazi Past in Nuremberg and Beyond, London 2009.

Mittig, Hans-Ernst: NS-Architektur für uns, Nürnberg 1991.

Müller-Rieger, Monika/Schmidt, Alexander (Hrsg.): Kulturgeschichte und Erinnerungskultur. Ausstellungen von und mit Hans-Christian Täubrich, Nürnberg 2014.

Museen der Stadt Nürnberg (Hrsg.): Faszination und Gewalt. Dokumentationszentrum Reichsparteitagsgelände Nürnberg, Nürnberg 2006.

Reichel, Peter: Politik mit der Erinnerung. Gedächtnisorte im Streit um die nationalsozialistische Vergangenheit, München 1995, S. 35–42.

Reinwald, Thomas: Als auf dem Norisring noch Motorräder fuhren, Erlangen 1995.

Schmidt, Alexander: Das bröckelnde Gedächtnis der Orte. Umbau, Erhalt oder Verfall von NS-Bauten in Flossenbürg und Nürnberg, in: Hammermann, Gabriele/Riedel, Dirk (Hrsg.): Sanierung, Rekonstruktion, Neugestaltung. Zum Umgang mit historischen Bauten in Gedenkstätten, Göttingen 2014, S. 118–133.

Schmidt, Alexander: Geländebegehung. Das Reichsparteitagsgelände in Nürnberg, Nürnberg 2005.

Schmidt, Alexander: Weder braun noch schwarz. Tourismus auf dem ehemaligen Reichsparteitagsgelände, in: Quak, Hans-Dieter/Steinecke, Albrecht (Hrsg.): Dark Tourism. Faszination des Schreckens, Paderborn 2012, S. 171–191.

Sonnenberger, Franz: Faszination und Gewalt. Leitlinien für die Konzeption der neuen Dauerausstellung des Dokumentationszentrums Reichsparteitagsgelände, in: Museen der Stadt Nürnberg (Hrsg.): Die Zukunft der Vergangenheit. Wie soll Geschichte des Nationalsozialismus in Museen und Gedenkstätten im 21. Jahrhundert vermittelt werden?, Nürnberg 2000, S. 87–100.

Stadt Nürnberg (Hrsg.): Rund um den Dutzendteich. Eine Nürnberger Stadtlandschaft im Wandel der Zeit. Ausstellung, Nürnberg o. J. (2001).

Stadt Nürnberg, Baureferat (Hrsg.): Unbequeme Denkmäler. Kurzführer zum Tag des offenen Denkmals, Nürnberg 2013.

Stadt Nürnberg (Hrsg.): Städtebaulicher Ideenwettbewerb für das ehemalige Reichsparteitagsgelände. Auslobungstext, Nürnberg o. J. (2001).

Stadt Nürnberg, Stadtplanungsamt (Hrsg.): Städtebaulicher Ideenwettbewerb für das Reichsparteitagsgelände. Dokumentation, Nürnberg 2001.

Studt, André/Schweneker, Claudia (Hrsg.): SchattenOrt: Theater auf dem Nürnberger Reichsparteitagsgelände. Ein Monument des NS-Größenwahns als Lernort und Bildungsmedium, Bielefeld 2013.

Täubrich, Hans-Christian (Hrsg.): Die Kongresshalle Nürnberg. Architektur und Geschichte, Petersberg 2014.

Wachter, Clemens: „… der harten Wirklichkeit unserer Tage entsprechend durchgeführt." Die Deutsche Bauausstellung 1949, in: Diefenbacher, Michael/Henkel, Matthias (Hrsg.): Wiederaufbau in Nürnberg, Nürnberg 2009, S. 84–101.

Wagner, David: Auf dem Reichsparteitagsgelände, Nürnberg, in: Porombka, Stefan/Schmundt, Hilmar (Hrsg.): Böse Orte. Stätten nationalsozialistischer Selbstdarstellung – heute, Berlin 2005, S. 116–128.

Weiß, Wolfgang W.: Chronologie der Versäumnisse. Der Umgang mit dem Reichsparteitagsgelände nach 1945, in: Centrum Industriekultur Nürnberg (Hrsg.): Kulissen der Gewalt. Das Reichsparteitagsgelände in Nürnberg, München 1992, S. 225–240.

Wunder, Thomas: Das Reichsparteitagsgelände in Nürnberg. Entstehung, Kennzeichen, Wirkung – eine Einführung zur Begehung des ehemaligen NS-Parteitagsgeländes, Nürnberg 1984.

Impressum
Ausstellung

Projektleitung: Alexander Schmidt (Dokumentationszentrum Reichsparteitagsgelände)
Ausstellungsteam: Martina Christmeier, Florian Dierl, Alexander Schmidt, Melanie Wager (Dokumentationszentrum Reichsparteitagsgelände)
Verwaltung: Jürgen de Hasque (Dokumentationszentrum Reichsparteitagsgelände)

Ausstellungstexte: Martina Christmeier, Alexander Schmidt, Melanie Wager (Dokumentationszentrum Reichsparteitagsgelände)
Mitarbeit Ausstellungstexte: Matthias Klaus Braun (Kulturreferat der Stadt Nürnberg), Robert Minge (Hochbauamt der Stadt Nürnberg)

Ausstellungsgestaltung: Tristan Kobler, Simone Haar, Ingo Böhler (Holzer Kobler Architekturen, Zürich/Berlin)
Grafik: Franziska Morlok, Henrike Uthe (Rimini Berlin)
Projektion: ghostart, Berlin (Agnieska Kruczek, Dorota Gorski), Melanie Wager, Florian Dierl (beide Dokumentationszentrum Reichsparteitagsgelände)
Fotografie Projektion: Stefan Meyer Architekturfotografie, Berlin/Nürnberg

Ausstellungstechnik: Helmut Ottmann, Jürgen Ottmann, Andy Rapp (Dokumentationszentrum Reichsparteitagsgelände)
Ausstellungseinrichtung: Annette Schubert (Handbuch, Nürnberg)
Elektroinstallation: Sigi Scheuer (Stadelmann Elektro, Nürnberg), Andy Rapp (Dokumentationszentrum Reichsparteitagsgelände)
Gerüst: Gerüstbau Schüttler, Nürnberg
Druck der Transparente: Stiefel Digitalprint, Lenting
Schreinerarbeiten: Noris-Arbeit GmbH (NOA), Nürnberg
Baubegleitung: Robert Minge (Hochbauamt der Stadt Nürnberg)

Beratung: Ralf Arnold (Förderverein Nürnberger Felsengänge e.V.), Dieter Barth (Wohnungsbaugesellschaft Nürnberg), Bianca Bocatius (Kunst- und Kulturpädagogisches Zentrum, Nürnberg), Matthias Klaus Braun (Kulturreferat der Stadt Nürnberg), Thomas Brehm, (Kunst- und Kulturpädagogisches Zentrum, Nürnberg), Eckart Dietzfelbinger, Marco Esseling (Dokumentationszentrum Prora), Ralf Forster (Filmmuseum Potsdam), Bernhard Gelderblom (Hameln), Marjana Grdanjski (NS-Dokumentationszentrum München), Jürgen Gstader (Liegenschaftsamt der Stadt Nürnberg), Peter Harasim (Concertbüro Franken), Thomas Heyden (Neues Museum Nürnberg), Konrad Hirsch (Schamoni Film & Medien, München), Katrin Kasparek (Geschichte Für Alle e.V., Nürnberg), Siegfried Kett (Geschichtswerkstatt Langwasser), Michael Kloft (Spiegel-TV, Hamburg), Heiko Könicke (AFAG Messen und Ausstellungen GmbH), Pascal Metzger (Geschichte Für Alle e.V., Nürnberg), Robert Minge (Hochbauamt der Stadt Nürnberg), Christof Neidiger (Stadtarchiv Nürnberg), Sabine Niewalda (Kurzfilmtage Oberhausen), Ingmar Reither (Kunst- und Kulturpädagogisches Zentrum, Nürnberg), Ingo Schlick (Hochbaureferat der Stadt Nürnberg), Renate Schmidt (vormals Quelle-Großversand), Paul Schneeberger (AFAG Messen und Ausstellungen GmbH), Katja Staudinger (Motorsportclub Nürnberg), Arno Stern (Motorsportclub Nürnberg), Tobias Till (Rock im Park), Günter Wagner, Bernd Windsheimer (Geschichte Für Alle e.V., Nürnberg), Tommy Willner (Musikhaus Thomann, Burgebrach), Siegfried Winter (Friedensmuseum Nürnberg), Stefan Wunsch (Vogelsang IP).

Wir danken besonders dem Stadtarchiv Nürnberg und dem Archiv der Nürnberger Nachrichten sowie den anderen genannten Archiven, den Ämtern und Dienststellen der Stadt Nürnberg, den privaten Leihgebern und Fotografen für die freundliche Unterstützung bei der Realisierung dieser Ausstellung.

Katalog

Das Gelände.
Dokumentation. Perspektiven. Diskussion.
1945–2015

Ausstellungskatalog des Dokumentationszentrums Reichsparteitagsgelände

für die Museen der Stadt Nürnberg herausgegeben von Alexander Schmidt

Herausgegeben von Ingrid Bierer

Nürnberg 2015

Schriftenreihe der Museen der Stadt Nürnberg
Band 11

Katalogredaktion: Martina Christmeier, Alexander Schmidt (Dokumentationszentrum Reichsparteitagsgelände)

Autoren: Martina Christmeier (S. 128–135, 142–149, 158–163, 166–173 (mit Melanie Wager), 178–181), Florian Dierl (S. 6f), Alexander Schmidt (S. 8–71, 80–97, 104–127), Melanie Wager (S. 72–79, 98–103, 136–141, 150–157, 166–173 (mit Martina Christmeier), 174–177)

Kataloggestaltung: Franziska Morlok (Rimini Berlin)

Druck: Europrint Medien GmbH, Berlin

Auflage: 1000

ISBN: 978-3-7319-0310-9

Michael Imhof Verlag GmbH & Co. KG
Stettiner Straße 25
36100 Petersberg
www.imhof-verlag.de